全国高等学校外语教师丛书

U0687425

Learning Statistics from
Examples of Second Language Research

第二语言研究中的
统计案例分析

许宏晨　著

外语教学与研究出版社
FOREIGN LANGUAGE TEACHING AND RESEARCH PRESS
北京 BEIJING

图书在版编目（CIP）数据

第二语言研究中的统计案例分析 ：汉、英 ／ 许宏晨著. —— 北京 ：外语教学与研究出版社，2013.6（2025.9 重印）

（全国高等学校外语教师丛书. 科研方法系列）

ISBN 978-7-5135-3338-6

I．①第… II．①许… III．①第二语言－外语教学－教学研究－汉、英 IV．①H09

中国版本图书馆 CIP 数据核字（2013）第 149873 号

出 版 人	王 芳	
项目负责	段长城	
责任编辑	郑丹妮 丁 雪	
装帧设计	覃一彪 华 艺	
出版发行	外语教学与研究出版社	
社 址	北京市西三环北路 19 号（100089）	
网 址	https://www.fltrp.com	
印 刷	河北虎彩印刷有限公司	
开 本	650×980 1/16	
印 张	12	
版 次	2013 年 7 月第 1 版 2025 年 9 月第 20 次印刷	
书 号	ISBN 978-7-5135-3338-6	
定 价	45.90 元	

如有图书采购需求，图书内容或印刷装订等问题，侵权、盗版书籍等线索，请拨打以下电话或关注官方服务号：

客服电话: 400 898 7008

官方服务号: 微信搜索并关注公众号"外研社官方服务号"

外研社购书网址: https://fltrp.tmall.com

物料号: 233380101

记载人类文明
沟通世界文化
www.fltrp.com

目　录

总　序

　　"全国高等学校外语教师丛书"是外语教学与研究出版社高等英语教育出版分社近期精心策划、隆重推出的系列丛书，包含理论指导、科研方法和教学研究三个子系列。本套丛书既包括学界专家精心挑选的国外引进著作，又有特邀国内学者执笔完成的"命题作文"。作为开放的系列丛书，本丛书还将根据外语教学与科研的发展不断增加新的专题，以便教师研修与提高。

　　笔者有幸参与了这套系列丛书的策划工作。在策划过程中，我们分析了高校英语教师面临的困难与挑战，考察了一线教师的需求，最终确立这套丛书选题的指导思想为：想外语教师所想，急外语教师所急，顺应广大教师的发展需求。确立这套丛书的写作特色为：突出科学性、可读性和操作性，做到举重若轻，条理清晰，例证丰富，深入浅出。

　　第一个子系列是"理论指导"。本系列力图为教师提供某学科或某领域的研究概貌，期盼读者能用较短的时间了解某领域的核心知识点与前沿研究课题。以《二语习得重点问题研究》一书为例，该书不求面面俱到，只求抓住二语习得研究领域中的热点、要点和富有争议的问题，动态展开叙述。每一章以不同意见的争辩为出发点，对取向相左的理论、实证研究结果差异进行分析、梳理和评述，最后介绍或者展望国内外的最新发展趋势。全书阐述清晰，深入浅出，易读易懂。再比如《认知语言学与二语教学》一书，全书分为理论篇、教学篇与研究篇三个部分。理论篇阐述认知语言学视角下的语言观、教学观与学习观，以及与二语教学相关的认知语言学中的主要概念与理论；教学篇选用认知语言学领域比较成熟的理论，探讨其应用到中国英语教学实践中的可能性；研究篇包括国内外将认知语言学理论应用到教学实践中的研究综述、研究方法介绍以及对未来研究的展望。

　　第二个子系列是"科研方法"。本系列介绍了多种研究方法，通常是一本书介绍一种方法，例如问卷调查、个案研究、行动研究、有声思维、语料库研究、微变化研究和启动研究等。也有的书涉及多种方法，综合描述量化研究或者质化研究，例如：《应用语言学中的质性研究与分析》、《应用语言学中的量化研究与分析》和《第二语言研究中的数据收集方法》等。凡入选本系列丛书的作者，无论是国外作者还是国内作者，均有高度的读者意识，乐于为一线教师开展教学科研服务，力求做到帮助读者"排忧解难"。例如，澳大利亚安妮·伯恩斯（Anne Burns）教授撰写的《英语教学中的行动研究方法》一书，从一线教师的视角，讨论行动研究的各个环节，每章均有"反思时刻"、"行动时刻"等新颖形式设计。同时，全书运用了丰富例证来解释理论概念，便于读者理解、思考和消化所读内容。凡是应邀撰写研究方法系列的中国作者均有博士学位，并对自己阐述的研究方法有着丰富的实践经验。他们有的运用了书中的研究方法完成了硕士、博士论文，有的是采用书中的研究方法从事过重大科研项目。以秦晓晴教授撰写的《外语教学问卷调查法》一书为例，该书作者将系统性与实用性有机结合，根据实施问卷调查法的流程，系统地介绍了问卷调查研究中问题的提出、问卷项目设计、问卷试测、问卷实施、问卷整理及数据准备、问卷评价，以及问卷数据汇总和统计分析方法选择等环节。书中各个环节的描述都配有易于理解的研究实例。

　　第三个子系列是"教学研究"。本系列与前两个系列相比，有两点显著不同：第一，本系列侧重同步培养教师的教学能力与教学研究能力；第二，本系列所有著作的作者主要为中国学者。有些作者虽然目前在海外工作和生活，但他们出国前曾在国内高校任教，也经常回国参与国内的教学与研究工作。本系列包括《英语听力教学与研究》、《英语写作教学与研究》、《英语阅读教学与研究》、《英语口语教学与研究》、《笔译教学与研究》等。以《英语听力教学与研究》一书为例，作者王艳博士拥有十多年的听力教学经验，同时听力教学研究又是她博士论文的选题领域。《英语听力教学与研究》一书，浓缩了她多年来听力教学与听力教学研究的宝贵经验。全书分为两部分：教学篇与研究篇。教学篇中涉及了听力教学的各个重要环节以及学生在听力学习中可能碰到的困难与应对的办法，所选用的案例均来自作者课堂教学的真实活动。研究篇中既有作者的听力教学研究案例，也有作者从国内外文献中筛选出的符合中国国情的听力教学研究案例，综合在一起加以分析阐述。

教育大计，教师为本。"全国高等学校外语教师丛书"内容全面，出版及时，必将成为高校教师提升自我教学能力、研究能力与合作能力的良师益友。笔者相信本套丛书的出版对高校外语教师个人专业能力的提高，对教师队伍整体素质的提高，必将起到积极的推动作用。

文秋芳

北京外国语大学中国外语教育研究中心

2011 年 7 月 3 日

序

近一二十年来，定量实证研究在应用语言学领域中发展很快，学习者的热情也很高。不过，许多语言教师往往会有"恐数症"，一想到数学统计，一翻开有数字表格的书就有畏惧感。的确，要把介绍语言研究中的定量方法的书写得切合实际，要把统计技术讲得清晰明了、通俗易懂，不是一件容易的事情。本书并非照搬现成经典，而是一本从读者的工作实践出发并融合相关案例的教材，最适合广大语言教育工作者。

作者许宏晨曾是我的博士生。在定量研究方面，他做过我的学生，也做过我的老师。来北大读博士之初，他曾选修我的实证研究方法课程，在定量研究方面表现优秀。后来再开课时，他被聘为该课的助教。我的课程有许多作业，都是案例式的，他带领学生上机完成 SPSS 统计软件操作，并批改作业、答疑。再后来，他成了我的老师。他在博士论文中用到的结构方程模型，我当时并不懂，他靠自己钻研和请教其他老师，很好地掌握了其原理和统计软件，并应用结构方程模型高质量地完成了博士论文，受到相关专家的好评。我和他的一位师弟请他传授结构方程模型的原理和操作技术，他便抽时间给我们开起了系列"小灶"。后来那位师弟也应用这一方法完成了博士论文。之后，宏晨受邀参加了我主持的五校跟踪研究课题组，作为数据处理方面的专家，专门负责解决统计难题，并培训课题组成员，教他们进行数据处理。

由于做过宏晨的老师，也做过他的学生，我对他的定量研究素质、教学风格乃至为人都很了解。首先，他是位非常认真、勤奋的钻研者。虽然并非理工科出身，但他阅读了大量统计学的书籍，有问题就翻书，请教相关专家，直到弄清楚搞确切为止。而且，他对定量统计方法的发展趋势也很敏感，努力走在学科前沿。这样的精神，使他对学科的内容有扎实的把握。宏晨还是一位兼具天赋和耐心的教师。他在统计方面的教学和辅导十分细致，让学生不仅学得明白而且学得舒服，能很快消除学生的畏难心理。他还肯于、善于根据学生的研究需要提供有针对性的帮助。这样的教师素质使他的定量研究教学十分出彩。毕业后，他到北京外国语大学做博士后研究，也受邀为来自全国的外语教师做定量研究的培训，得到了学员很高的评价。

这本书是宏晨的处女作，整本书一如他的教学风格——清楚、平易、贴近实践。它将跨出课堂，让更多有科研需求的语言教师、学者受益。

高一虹

北京大学

2013 年元旦

前　言

本书的必要性和特色

统计学是第二语言研究中的重要分析工具之一，它的主要作用在于对实验数据或调查数据进行处理。一般说来，量化研究得到的数据均需通过统计计算方能得到更为科学有效的解读。阅读第二语言研究领域中的量化研究论文时不难发现，几乎所有此类文章均使用某种统计方法处理数据，并在此之上进行解释分析。若想全面评价一项研究，除了阅读论文的"结果与讨论"部分之外，读者还需看懂作者所用的统计方法，并判断它的适切性和正确性。撰写量化研究学术论文更是离不开统计学。语言统计学还是外国语言学及应用语言学专业研究生的必修课之一，是重点科目也是难点科目；这门课也是高校外语教师在职培训时科研方法类课程的重要组成部分。由此可见，统计学在第二语言研究中占有重要的地位。

但是，外语类学生和教师初涉统计学时总有一种畏惧感：担心因没有数学基础而学不懂，不会用。统计学的确是以数学为基础的。不过，从笔者的学习和教学经历来看，外语类师生即便没有深厚的数学功底，也能学懂统计学，而且还能用得很好。对于搞语言研究的人来说，统计方法是分析工具，而非研究对象，所以，我们学习的重点在于掌握各种统计方法的适用性，而非统计方法背后的原理。这就好比看电视：我们知道哪个按钮能放大声音，哪个按钮能调节亮度，但我们并不深究为什么那个按钮能放大声音，另一个按钮能调节亮度。电视机是我们使用的工具，不是我们的研究对象，统计学也一样。

那么，如何掌握各种常用统计方法的适用性呢？笔者通过自身教学经历感到，案例分析是较为有效的方法。案例是典型的事例，其中蕴含了丰富并且重要的信息。学习者可以通过研读案例有效地掌握这些信息在统计方法选择过程中的作用。通过将这些案例和自己的研究对比，学习者能够判断某一统计方法是否适合自己的研究。本书正是基于这种思想设计撰写的。本书的理念是"从科研实践出发，为科研实践服务"，因此它是一本实践性很强的工具书。与同类书籍相比，它具有以下鲜明特点：

第一，案例讲解法。本书共用 11 个案例讲解了第二语言研究中常用的统计方法，即 *t* 检验、方差分析、相关分析、回归分析和卡方检验。一般说来，这 11 个案例中所运用的统计分析方法是第二语言研究中最为基础的。一些复杂研究所用的统计方法可以分解为这些方法。掌握了这些，将有利于学习者学习其他多变量统计方法。

第二，以统计分析过程为纲组织各章。各章结构如下：实例分析—研究问题与假设—SPSS 操作步骤—SPSS 输出结果解读—APA 学术论文结果汇报示例。这样的设计是从实际研究角度出发的。一般说来，研究者找到研究问题之后需要对它进行分析并写出假设。在数据收集完毕之后（这不是本书的重点，所以未涉及），将其录入统计软件（常用 SPSS）以备统计分析。初学者对于统计图表的解读感到最为困难，因此，笔者在此部分加大了笔墨，进行深入细致的讲解。每章结尾处，笔者还给出了中英文学术论文中统计结果汇报示例，以期帮助学习者去粗取精，将统计图表中的重要信息在论文的"结果与讨论"部分报告出来。

第三，学练结合。各章最后均配有和该章案例密切相关的练习。学习者学完各章内容之后再通过练习巩固所学知识，这样能查缺补漏、举一反三。书后还附有参考答案，方便学习者检验自己的学习成果。

全书结构及使用建议

全书共十章。第一章通过案例集中介绍了统计学的基本概念。第二章在第一章的基础上介绍了常用的统计方法，并将它们分成两大类：寻找差异的方法和寻找关联的方法。第三章到第七章由简到繁，系统介绍了寻找差异的统计方法；第八章到第十章介绍了寻找关联的统计方法。此外，书后还配有四个附录。附录 A 是笔者设计并使用过的一份调查问卷；附录 B 简要介绍了一些最为基本的运用 SPSS 进行数据初步整理的操作方法；附录 C 是各章课后练习参考答案；附录 D 是各类统计检验效应量的计算方法及说明。此外，本书还配有数据光盘，其中容纳了本书各章案例及练习所用的 SPSS 数据文件。

读者可以根据自身情况和需求采用不同的方法使用本书：

- 如果您是一位统计初学者，建议您从第一章和第二章开始读起。阅读时要特别注意其中的概念和分类。一般说来，初学者可能不能一次就读懂这两章的全部内容，这很正常，不要灰心。只要您理解了这两章百分之八十以上的内容，就可以阅读后续章节了。建议您按照章节顺序阅读，并且在阅读中可以不断翻看第一章和第二章的内容，这样有助于您理解当时尚未理解或者理解不充分的部分。如果您同时也是初用 SPSS 软件的人士，建议您在阅读第三章及之后的内容之前先仔细阅读一下附录 B，并在电脑上进行操作练习。这将有助于您阅读和操练后续章节里的内容。

- 如果您对统计方法有一定的了解，可以先从第一章和第二章的课后练习入手，看看自己能否准确回答那些问题。若回答的正确率在百分之八十以上，则可以按顺序阅读后续章节；如果正确率低于百分之八十，笔者建议您有针对性地复习一下这两章的内容，然后再学习其他章节。

- 如果您的研究问题已经确定、变量明确、数据齐全，但尚不清楚应该使用哪种统计方法，可以先阅读第二章并且做完课后习题。然后，建议您拿自己的研究问题与第二章所举案例进行比较，看看能否判断出应该使用哪种统计方法。之后，进入介绍该方法的相应章节，进行仔细研读和比对。这可能是个循环过程，不要气馁：这本身就是难得的学习经历。

- 如果您已经确定使用某种统计方法处理数据，只是不清楚具体的操作步骤和图表解读方法，那么可以直接阅读介绍该方法的相应章节，并做课后习题，然后按书中的步骤分析您的数据，汇报结果。

适用读者

本书最适合有教学科研需求但又无法获得统计方法指导的高校外语教师自学使用。此外，本书也适合用做高校外语教师的短期培训教材：其内容简洁，不会让学习者望而却步，更容易激发他们的学习信心。它还适合外语教育类硕士研究生和低年级博士研究生：这本书可以作为他们的统计学课程教材，也可以作为课程同步练习和辅导手册。它也适合有科研需求的中小学外语教师进修、培训和自学使用。

真诚感谢

说起统计学，就不得不提笔者的启蒙老师——哈尔滨师范大学心理系的崔洪弟。他兢兢业业的工作精神、严谨务实的科研态度、诚恳友善的待人方式一直是笔者学习的榜样。崔老师主讲的"教育心理统计学"课程让笔者懂得了统计学的基本原理；他主持的"SPSS 软件及教育心理统计工作坊"为笔者提供了学习和操练统计软件的宝贵机会。当初（2001 年）若没有他的指导，笔者根本看不懂外语类核心期刊上学术论文中所使用的统计方法。

除了崔老师，那时还有三位未曾谋面的老师：韩宝成、李绍山和秦晓晴。之所以称他们为笔者的"老师"，是因为笔者受益于他们所写的语言统计学书籍。韩老师和李老师的书以外语教学为背景，以凝练的语言，辅以典型实例，系统讲授了统计基础知识，让笔者对统计学有了更加深入的理解。秦老师写的《外语教学研究中的定量数据分析》一书，结构完整、脉络清晰、内容详实，让笔者更加熟练透彻地掌握了 SPSS 软件和一些高级统计方法。时至今日，这些书对笔者来说仍然是重要的参考资料。

给予笔者指导和帮助的还有当年的室友——如今哈尔滨师范大学数学系的优秀青年教师刘宏亮博士。他经常耐心解答笔者这样一个对数学不开窍的人提出的"高难度"问题。他的讲解深入浅出，从不用术语"吓唬"人，总是通过具体实例让笔者学会那些看起来十分深奥的原理。

第一次让笔者走上讲台讲解统计学知识和 SPSS 操作方法的人是北京大学

的高一虹教授。2006 年，她为研究生开设"应用语言学研究方法"课程。当时笔者既是学生又是助教。在讲到统计方法部分时，她鼓励笔者带领同学一起学习和操练。这段宝贵的经历让笔者有了"牛刀小试"的机会。从那以后，笔者越发自信了。接下来的几年里，笔者一直在母校——哈尔滨师范大学英语系——为硕士研究生讲授"应用语言学量化研究方法"课程。2010 年以来的三个暑假，笔者有幸在北京外国语大学中国外语教育研究中心和外语教学与研究出版社共同举办的"高等学校外语学科中青年骨干教师高级研修班"中的几期研修班上与韩宝成教授、许家金博士、徐浩博士合作，共同讲授语言统计学。其间，外研社高英分社社长常小玲女士以及段长城、毕争、郑丹妮、张晶等人均为笔者搭建了宽阔的平台，提供了宝贵的建议。

可以说，没有上述老师、同学和同事的帮助，笔者可能不会对统计学有比较深入的了解，也就不大可能有现在这本书了。笔者真诚地感谢他们以不同形式给予笔者的帮助。感谢之余，内心诚惶诚恐：他们给笔者的指点让笔者受益匪浅，但这不能代替笔者的责任——本书欠妥乃至错误之处均由笔者自己承担。

温馨提示

统计学对语言教师而言是工具，所以本书按照"工具使用说明"的方式进行统计方法的梳理和讲解。但统计学毕竟是一门体系完整、逻辑严密的学科，掌握统计学基本原理有助于我们深刻理解统计方法并正确使用它们。因此，笔者强烈建议通过本书"已解"燃眉之急的读者再阅读一些教育心理统计学方面的书籍，增加一定的统计学知识。这不仅能使自己具有更扎实的基础——知其然也知其所以然，还能培养更强的自学能力，为学习其他高级统计方法奠定基础。

统计学这一工具是为研究问题服务的，切莫本末倒置。笔者曾经听人打趣说："用啥统计方法才能让论文看上去更'玄'呢？"这句玩笑话恰恰提醒了每一位使用统计的研究者，万万不能唯"统计结果"马首是瞻。需要铭记在心的是，研究问题中的变量类型以及研究者所探索的关系才是第一位的，统计是第二位的。即便统计结果达到显著水平，也不能草率地下结论——毕竟统计推断有犯错误的可能性。

笔者是一位语言统计学教师，也是一位经常使用统计方法的科研人员，但更是一名统计学学习者。笔者从 2001 年开始学习、使用、教授语言统计学到现在已经 10 年有余，但每每打开统计学书籍，都会有所收获和顿悟。与其说本书是教学成果，不如说它是学习笔记。既然是学习就会出错，但恰恰是在这样的过程中，人才能不断成长。笔者真诚地希望各位读者对书中的错误批评指正，让我们一起学习，共同进步。

许宏晨

外交学院

2012 年 12 月

第一章 统计基本概念

统计学是第二语言研究中量化数据分析的重要工具，它能使研究者运用一定的原理和公式描述量化数据，进而得出扎实可靠的推论。为了方便读者更加快捷有效地理解统计结果，本书仅介绍与数据分析密切相关的基本概念。

1.1 总体、样本、抽样与抽样误差

总体（population）是我们所研究的具有某种共同特征的个体总和。总体中的每个单位称为个体。例如，要研究中国非英语专业大学生的学习动机，那么，所有中国非英语专业大学生就是一个总体；其中的每一个学生就是一个个体。再比如，我们要考察大学生对英语积极词汇的掌握情况，那么，从测验材料的角度来看，所有英语积极词汇便构成了总体，其中的每个词就是一个个体。

出于各种实际原因，研究者不可能对总体中的每一个体都进行研究，而往往需要从中抽取一个部分，然后再根据从对这个部分的研究中获取的信息，在一定的可靠度上推断总体的情况。这个部分即为**样本（sample）——是从总体中按照一定的原则和程序抽取的作为观察对象的一部分个体**。样本中所包含的个体数量称为样本容量，用 n 表示。当 n 大于 30 时，称为大样本；等于或小于 30 时，称为小样本；但样本容量一般不会低于 5。在某些情况下对数据进行统计分析时，大样本和小样本所用的统计方法各不相同。同等条件下，研究者最好使用大样本。

抽样（sampling）是指按照一定的原则从总体中选择个体构成样本的过程。在第二语言研究中，为确保研究结果的可推广性，研究者通常采用**随机抽样（random sampling）的方法——总体中每一个体被抽中的机会是相等的**。最简单的方法就是抽签（也称简单随机抽样）：先将总体中的每一个体编上号码，再将号码写在签上，将签充分混合后，从中抽取，直到达到所需的样本量为止。抽中的签号代表的个体就进入了样本。比如，某中学共有 10 个高三班，

学校想在每班选择 5 名同学组成一个样本参加学校的高考模拟测验。这时，各班班主任就可以采用抽签的方法，在本班内部随机抽取 5 名同学报给学校。

有时，总体虽然是有限的，但比较庞大，抽签法就不适用了。研究者可采用**系统抽样（也称准随机抽样）（quasi-random sampling）的方法——样本中的第一个个体按照抽签法选取，其余个体则在总体中按照一定的间距抽取，直到达到样本容量为止**。比如，某教师想考察本校大一新生的英语学习态度，欲从本校 10,000 名大一新生中抽取 500 人作为样本，那么抽取间距应为：10,000 / 500 = 20。首先，要给这 10,000 名学生编上序号；然后，研究者使用随机数表（或抽签）选取一个小于或等于 20（抽取间距）的数作为样本的第一个个体。假如这个数是 16，就表示把编号为 16 的学生选出来作为样本的第一个个体，样本中的其余个体依次是总体中的 36 号、56 号、76 号、96 号，以此类推，直到 9996 号（包括 9996 号）。

如果总体在理论上是有限的，但实际数量却难以确定，那么研究者可采用**整群抽样（cluster sampling）的方法——以总体中的群体为单位随机抽取个体**。比如，要调查京津两市大学本科生的英语学习策略，研究者可以将两地所有本科院校（假如一共 200 所）进行编号，然后按照抽签的方法选择 20 所学校。这 20 所学校的所有本科生便构成了这次调查的样本。

实际研究中，常会遇到一些具有鲜明特征的总体，比如英语专业本科生这一总体就具有女生多男生少的特点。要想在样本中也体现出这个特点，研究者可采用**分层抽样（stratified sampling）的方法——先把总体按照某一特征的比例分成若干层（即子总体），再在每个层中随机抽样**。例如，某教师想研究师范类院校、外语类院校和艺术类院校学生的英语学习认知风格，就应该采用分层抽样的方法，因为这些院校的学生性别比例不同于其他类型的院校。假如这些院校的男女生比例是 1∶5，这位老师想抽取 120 人的样本，那么样本中的男生应该为 20 名，女生为 100 名。具体做法是，先将这些学校的男女生分开，然后在各自的层中再随机抽样。

值得注意的是，上述抽样方法并非只能孤立使用，它们常常可以结合在一起使用，使抽样更加科学可靠。比如分层抽样和整群抽样可以合在一起使用。假如要研究中国大学生的英语学习状况，可以按照教育部的统计数字对中国各类大学进行分层（如理工类、艺术类、综合类等），再在每个类别内部进行整群抽样（如在全国所有的理工类大学中进行整群抽样）。

2011 年全国高校英语专业四级考试（TEM4）的平均分是 58.91 分。假如我们从 A 校英语专业学生中随机抽取 30 人构成一个样本，那么这个样本的平均分可能高于 58.91 也可能低于 58.91；等于 58.91 的可能性很小。这很正常，**因为样本的统计量不一定和总体参数**[1]**完全一致，这种差异不是错误，而是必然会出现的抽样误差（sampling error）**。抽样误差是不可避免的，但这种差异不是真正意义上的差异，统计推断的作用在于用科学有效的方法判断差异是否是由抽样误差造成的。研究者当然不希望得到"差异是由抽样误差造成的"这种结论，而是更期待获得"差异真正存在"这种结果。到底能得到何种结果，依赖于统计推断过程得出的统计量和显著性等要素，详见 1.4 小节的有关论述。

1.2 描述统计与推断统计

从操作层面上看，统计学是对样本数据进行处理；从理论层面上看，统计学是要以样本数据为基础，对其所代表的总体进行推论。正因如此，统计学可以分为描述统计学和推断统计学。**描述统计（descriptive statistics）是指利用统计量（如集中趋势和离散趋势）和 / 或统计图表展示样本数据的状态**。它能对数据进行归纳和整理，用典型特征概括样本数据全貌，达到压缩数据的目的，为推断统计提供基本信息。第二语言研究常用的描述统计包括平均数、方差和标准差、偏态值、峰态值、直方图、散点图、折线图等。

推断统计（inferential statistics）是指按照一定的原理，利用样本统计量对总体参数进行推论的过程。它能根据描述统计提供的结果，进一步对总体中的差异或联系加以推断。推断统计包括根据样本统计量对总体参数进行估计，以及对事物之间的关系进行推断（即假设检验）。第二语言研究常用的推断统计包括 t 检验、方差分析、相关分析、回归分析、卡方检验等。推断统计方法的选择问题详见第二章。

---

1 样本的各项统计结果称为样本统计量，通常用英文字母表示，如：M 表示平均数，SD 表示标准差；总体的各项统计结果称为总体参数，通常用希腊字母表示，如：μ 表示平均数，σ 表示标准差。

需要说明的是，描述统计和推断统计在具体的研究中往往是同时使用的。前者是后者的基础，后者是前者的延伸。没有描述统计结果，就无法对总体进行推断；如果不进行推断统计，描述统计的结果只能让研究者停留在样本层次，而这显然不是研究的终极目标。

1.3 研究问题与假设

统计学是为研究问题服务的，不同的研究问题需要用不同的统计方法。问题又分为两类：一类是问题现象。比如，有的教师发现大一新生入学时英语学习劲头十足，可随着时间的推移，到了大二末好多学生已经失去了学习英语的兴趣和动力。这就是问题现象。这种现象会引发人们的思考：到底是什么因素使得学生的学习动机下降了呢？而这就是第二类问题：**研究问题（research question）——明确指出核心概念和研究焦点的疑问句**。在本例中，研究者关注以下两点：英语学习动机和它的影响因素。

研究问题在统计实务中以假设的形式出现。**假设（hypothesis）就是根据一定的原理或事实对结果作出的预测**。假设的用词要清晰明确，要用陈述句表明变量之间的关系，假设还需具有可验证性。如果研究问题是"交际教学法和语法翻译法的教学效果是否有差别？"，那么我们可以得出两种可能的假设：（1）交际教学法和语法翻译法的教学效果相同；（2）交际教学法和语法翻译法的教学效果不同。再比如研究问题是"英语听力水平与观看英文原版电影时长是否有关系？"，那么我们也可以得出两种可能的假设：（1）英语听力水平与观看英文原版电影时长没有关系；（2）英语听力水平与观看英文原版电影时长有关系。上述两例中的假设（1）被称为**零假设（null hypothesis）——也叫虚无假设，它假定变量之间不存在差异或联系**，用 H_0 表示；假设（2）被称为**研究假设（alternative hypothesis）——也叫备择假设，它假定变量之间存在差异或联系**，用 H_1 表示。

1.4　假设检验、显著水平与效应量

既然统计推断是针对假设的，那就涉及一个问题：到底对零假设进行检验还是对研究假设进行检验？以上述研究问题为例，检验"交际教学法和语法翻译法的教学效果相同"（零假设）还是检验"交际教学法和语法翻译法的教学效果不同"（研究假设）？假如检验后者，研究者可以分别教两个班，一个班采用交际教学法，另一个班采用语法翻译法。经过一段时间之后，用某种方法测试两个班的学生，看看他们的平均成绩之间是否存在足够大的差异。这样就可以判断两种教学方法的效果是否有差别了。但是，这样做存在一个问题：通过检验，研究者已经了解了这两个班的情况，但是其他学生的情况如何？我们不可能把所有学生都找来做一遍这个实验，因为我们无法穷尽所有的研究对象。换一个思路来考虑这个问题，我们能不能检验"交际教学法和语法翻译法的教学效果相同"这个假设呢？我们通过一定的抽样方法找到两个组，一个组采用交际教学法，另一个组采用语法翻译法。经过一段时间之后，用某种方法测试两个组的学生，看看他们的平均成绩之间是否存在足够大的差异。如果差异足够大，就说明我们可以拒绝"交际教学法和语法翻译法的教学效果相同"这个假设。由于这个假设与"交际教学法和语法翻译法的教学效果不同"假设相对立，所以，我们间接地证实了后面这个假设，达到了研究的目的。这就是**假设检验（hypothesis test）——根据样本信息，在一定可靠度上对零假设作出判断，即判断是否拒绝零假设。若拒绝零假设，则接受研究假设；若不拒绝零假设，则保留零假设，不接受研究假设。**

假设检验需要在一定的可靠度上进行。所谓可靠度就是对作出正确推断的把握程度。假设检验依赖样本提供的信息，但由于抽样误差的存在，样本通常和总体特征不完全一致；要完全避免抽样误差的影响是不可能的，因而观察到的差异一部分由研究者所操纵的变量造成，另一部分由抽样误差造成。因此，我们对作出正确推断的把握程度不可能是 100%。所以，**在决定是否拒绝零假设时，需要确定一个误差限度：即抽样误差的影响在多大范围内时，才能让研究者有足够的把握拒绝零假设。这个限度即为显著水平（significance value）。它用希腊字母 α 表示。如果显著水平设在 5%（即 $\alpha = 0.05$），就表示**

当抽样误差的影响在小于等于 5% 时 ($p \leqslant 0.05$)[1]，就可以拒绝零假设，即观察到的差异是由研究者所操控的变量造成的，具有显著意义。这里的"显著"二字应该理解为"统计结果显著地与所操控的变量有关，与抽样误差无关"。也就是说，研究者有 95% 的把握拒绝零假设，接受研究假设，作出正确推断。显著水平还可以设定在 1% ($\alpha = 0.01$)，表示当抽样误差的影响小于等于 1% 时 ($p \leqslant 0.01$)，拒绝零假设（即研究者有 99% 的把握作出正确的推断）。显著水平是由研究者在统计分析开始之前就设定好的。设定时需要考虑多种因素，如研究领域、目的、对象和内容等等。在第二语言研究中，通常使用 $\alpha = 0.05$ 的显著水平。

上文谈到的显著性指的是统计显著性，它不同于实际显著，因为在大样本情况下，即使差异非常小或者关联非常弱，研究者也能得到具有显著意义的统计结果。因此，除统计显著性之外，研究者还需考察这种显著性的程度（强度），即效应量。**效应量（effect size）是指自变量和因变量之间的关联强度或因变量在自变量各水平之间的差异大小**。它的测量方法很多，大体分为两类：d 族效应量和 r 族效应量。前者关注差异大小；后者关注关系强弱。效应量的绝对值通常在 [0, 1] 之间，但有时 d 族效应量的值可能大于 1。效应量的计算方法和标准众多，需要结合具体统计方法具体分析。这里需要注意的是，即便效应量很大，也不能绝对等同于实际显著（或实际意义重大），因为效应量取决于特定的研究情境、背景和方法；而实际重要性却需要考虑众多因素。比如，教学模式的多样性和变化性对学习效果可能会有较大的效应量，但是由于执行起来成本高、阻力大，所以不是很实际。

1.5 变量及其测度

研究问题和假设中都包含变量。**变量（variable）指的是研究对象或情境的某一可变化特征**，也就是说，变量要有不同的取值。比如，在有关男生和女生的认知风格的研究中，"性别"就是一个变量。它有两个取值：(1) 男生和 (2) 女生。再比如，研究学生对积极词汇和消极词汇的掌握情况时，"词

1　在统计推断中，显著水平以概率的形式出现，用字母 p 表示。

汇特征"就是一个变量。它有两个取值：（1）积极词汇和（2）消极词汇。变量的取值个数只要大于 1 个就可以，多则不限。变量的不同取值被称为变量的水平。在上述两个例子中，"性别"变量有两个水平，"词汇特征"变量也有两个水平。

　　从研究的角度看，变量分为自变量和因变量。**被研究者操纵的变量称为自变量（independent variable），它会影响其他变量。研究者观察的变量称为因变量（dependent variable），它随着自变量的变化而变化。**比如，研究交际教学法和语法翻译法对教学效果的影响时，"教学法"就是自变量，它有两个水平：（1）交际教学法和（2）语法翻译法；"教学效果"是因变量。也就是说，研究者关心交际教学法和语法翻译法的教学效果之间的差异是否达到显著水平，从而判断哪种教学法的效果更好。再比如，男生和女生认知风格的研究中，"性别"就是自变量，它有两个水平：（1）男生和（2）女生；"认知风格"是因变量。也就是说，研究者关心男生和女生的认知风格差异是否达到显著水平，从而判断男女两性在认知风格上的不同。

　　从测量的角度看，变量分为定类变量、定序变量和定距变量[1]。**定类变量（nominal variable）把个体按照某一特征分成不同的类别，各类别之间是互不包含的。**比如，研究性别和英语成绩的关系时，可以将学生分成男生组和女生组。也就是说，"性别"这一变量被分成了两个类别。其他的定类变量还有"家庭背景"（大城市、中小城市、县/乡/村）、"学校类别"（综合类、理工类、文史类、艺术类、医学类、农学类、军事类）等。**定序数据（ordinal variable）把个体按照某一特征排序后再分出类别。**比如，"年级"变量就是定序变量：首先将学生按照由高年级到低年级的顺序排序，然后将他们分入相应的类别，即大四、大三、大二和大一。比较定序数据和定类数据，我们不难发现，定序数据含有定类数据的特征（即类别划分），此外，定序数据还比定类数据多了一层信息，即顺序性。定类数据和定序数据在有关差异的研究中往往是重要的自变量。比如，在研究不同学校学生的英语学习动机时，"学校类别"这个定类变量就是自变量，"英语学习动机"就是因变量。**定距数据（interval variable）的常见形式是测试分数，**比如英语专业等级考试（TEM）、大学英语

1　统计上还有一类数据是"定比数据"，由于在第二语言研究中应用极少，不列入本书的讨论范围。这里的"变量"与"数据"可以互换，含义相同。

等级考试（**CET**）、国际英语语言测试系统（**IELTS**）或者检定非英语为母语者的英语能力考试（**TOEFL**）等考试的分数；也可以是通过李克特量表[1]获得的数据。这类数据的特点是用精确且等距离的数值来度量。比如，10 分和 20 分之间的差距与 20 分和 30 分之间的差距是相等的，都是 10 分。在第二语言研究中，定距数据多数通过测验或者问卷获得。定距数据含有的信息量大，可以进行统计运算，通常是研究中的因变量。比如，在研究不同学校学生的英语学习动机时，"英语学习动机"就是因变量，我们可以用李克特量表对它进行测量，这样获得的数据便是定距数据。

定类、定序和定距数据之间的关系（表 1.1）是：定距数据可以简化成定序数据，进而简化为定类数据，定序数据也可以简化为定类数据，但无法从定类数据繁化出定序数据，更无法繁化成定距数据。这是由各类数据所包含的信息性质和信息量决定的。

表 1.1 定类、定序和定距数据关系分析

	定距数据	定序数据	定类数据
信息特征	间隔相等、有序、近似正态分布	间隔不等、有序、不呈正态分布	无间隔、无序、不呈正态分布
信息量	最大	中等	最小
实例	TEM4 具体分数	90 分及以上组；80—89 分组；70—79 分组；60—69 分组；60 分以下组	及格组；不及格组
解析（1）	如果我们在收集数据时得到的是被试的 TEM4 分数（定距数据），那么我们可以根据需要将分数按照分数段分成若干组（变成定序数据），或者索性分成及格和不及格两组（变成定类数据）。		
解析（2）	如果我们在收集数据时得到的是被试的 TEM4 及格或不及格信息（定类数据），那么我们就无法进一步得出他们的分数段（定序数据），更不可能得出每个被试具体的 TEM4 分数（定距数据）。		
结论	因此，在收集数据时，应该尽量收集定距类型的数据。		

1　李克特量表（Likert scale）是问卷中常用的形式，常用来测量态度、动机、策略、观念等概念。它通常有 5 点，1 表示"非常不同意"，5 表示"非常同意"。问卷填答者可以根据自己对陈述的理解和体会作出选择。比如，对"我很喜欢学习英语。"这个陈述，填答者就可以从 1—5 中选择一个数字，表示他（她）对该陈述的理解和体会。

例如，在问卷中，研究者想得到被试的 TEM4 分数信息，那么最好用例 1.1，少用例 1.2，不用例 1.3。

例 1.1　你的 TEM4 考试成绩是：＿＿＿＿＿＿分

例 1.2　你的 TEM4 考试成绩是：

　　　　A. 90 及以上　　B. 80—89　　C. 70—79　　D. 60—69　　E. 60 以下

例 1.3　你的 TEM4 考试成绩是：

　　　　A. 及格　　　　B. 不及格

变量的测度[1]之所以重要的另一原因是，统计手段的选取在很大程度上受数据类型的制约。当然，研究问题是统计手段选取的根本依据，但是数据类型是统计手段选取的重要参考条件，有些统计方法只适用于定距数据，有的统计方法只适用于定序或者定类数据。一般说来，定距数据适用的统计手段比较多。

1.6　集中趋势与离散趋势

样本是统计计算的基本依托，说到底，统计计算通常是以样本的集中量数和差异量数为基础的。集中量数和差异量数与变量类型有关。**集中量数是集中趋势（central tendency）的重要指标，它指数据趋向某一典型值的程度。差异量数是离散趋势（dispersion）的重要指标，它指数据变异或分散的程度。**通常，同时用这两种指标描述一组数据的典型特征。

常用的集中量数是**算术平均数（mean），它是用样本中每一个体的分数总和除以样本个数，通常用 M 表示。**所以，算术平均数只适用于定距变量。例如，样本 A 中每一个体的得分依次如下：9、15、19、10、12、14、18、30、89，那么样本 A 的算术平均数计算方法即为：$(9 + 15 + 19 + 10 + 12 + 14 + 18 + 30 + 89) / 9 = 24$。再比如，样本 B 中的每一样本得分分别为：19、22、21、27、25、26、29、27、20，那么样本 B 的算术平均数为：$(19 + 22 + 21 + 27 + 25 + 26 + 29 + 27 + 20) / 9 = 24$。

读者可能发现，虽然以上两个样本的平均数相同，但是样本 A 和样本 B 差别很大：样本 A 的最低分是 9，最高分是 89，中间相差 80 分；样本 B 的最

1　测度指的是测量的精确度。

低分 19，最高分 29，中间只相差 10 分。为了把样本内的差异性描述出来，我们需要引入差异量数。**常用的差异量数是标准差（standard deviation），它指的是样本中每一个体的得分与样本平均数的距离，通常用 *SD* 表示。**但是标准差的计算要通过方差才能获得。方差是标准差的平方，它们含义相同。以上文为例，样本 A 的方差为：$[(9-24)^2 + (15-24)^2 + (19-24)^2 + (10-24)^2 + (12-24)^2 + (14-24)^2 + (18-24)^2 + (30-24)^2 + (89-24)^2] / 9 = 563.11$，标准差为 563.11 的算术平方根 23.73。样本 B 的方差为：$[(19-24)^2 + (22-24)^2 + (21-24)^2 + (27-24)^2 + (25-24)^2 + (26-24)^2 + (29-24)^2 + (27-24)^2 + (20-24)^2] / 9 = 11.33$，标准差为 11.33 的算术平方根 3.37。由此可见，标准差能够描述定距数据的离散程度。

集中量数和差异量数是描述一组数据时不可缺少的两类指标，仅用一种指标来描述数据特征是片面的。还有很多其他指标可以用来描述集中趋势与离散趋势。除平均数以外，集中量数还有中位数和众数等。除方差和标准差之外，差异量数还有全距、四分位距等。但在实际研究中，最常用的就是平均数和标准差。因为在第二语言研究中的因变量通常为定距变量，而描述定距变量的两个主要指标就是平均数和标准差。

练习 [1]
不定项选择：下列每题均有 5 个备选项目，其中至少有 1 个符合题意。

1. 以下有关"样本"的说法，正确的是（   ）。
   A. 它是从总体中按照一定的原则和程序抽取的作为观察对象的一部分个体。
   B. 样本量小于 5 个的样本称为小样本。
   C. 样本量大于 5 个小于或等于 30 个的称为大样本。
   D. 大样本和小样本所用的统计方法通常是不同的。
   E. 样本量大于 30 个的称为大样本。

2. 实际研究中，常会遇到一些具有鲜明特征的总体，比如英语专业本科生这一总体就具有女生多男生少的特点。这时，比较恰当的抽样方法是（   ）。
   A. 简单随机抽样

---

1   各章练习参考答案见附录 C。

B. 准随机抽样

C. 分层抽样

D. 整群抽样

E. 系统抽样

3. 以下有关"抽样误差"的说法，正确的是（　　）。

A. 抽样误差是不可避免的。

B. 抽样误差是具有统计显著意义的差异。

C. 统计推断的主要目的在于考察抽样误差作用的大小。

D. 抽样误差是人为造成的。

E. 研究者期待看到"统计检验结果是由抽样误差造成的"这样的情形。

4. 以下有关"描述统计"和"推断统计"关系的说法，正确的是（　　）。

A. 描述统计是推断统计的基础，推断统计是对描述统计的延伸。

B. 描述统计和推断统计在具体的研究中往往是相互排斥的。

C. 没有描述统计结果，就无法对总体进行推断。

D. 没有推断统计结果，就无法对总体进行描述。

E. 描述统计和推断统计在统计实务中缺一不可。

5. 以下有关"研究问题"的说法，正确的是（　　）。

A. 研究问题就是研究假设。

B. 研究问题应明确指出核心概念和研究焦点。

C. 研究问题应使用疑问句表达。

D. 研究问题要使用陈述句表达。

E. 研究问题有时来源于问题现象。

6. 以下有关"假设"的说法，错误的是（　　）。

A. 假设的用词要清晰明确。

B. 零假设要含有变量，研究假设中不能含有变量。

C. 假设需具有可验证性。

D. 假设通常用疑问句表达。

E. 各类统计检验（如方差分析、卡方检验等）均是对零假设的检验。

7. 以下有关"假设检验"的说法，正确的是（ ）。

    A. 假设检验都是针对研究假设的。

    B. 假设检验分为对零假设的检验和对研究假设的检验。

    C. 假设检验仅针对零假设。

    D. 假设检验采用的是证伪法。

    E. 假设检验采用的是证实法。

8. 以下有关"显著水平"的说法，正确的是（ ）。

    A. 显著水平是一种误差限度。

    B. 显著水平设为 $\alpha = 0.05$，表示当抽样误差的影响在大于等于 5% 时拒绝零假设。

    C. "$p \leqslant 0.05$"的意思是，抽样误差对统计结果的影响不到 5%，应拒绝零假设。

    D. "显著"二字意为"统计结果'显著地'与所操控的变量有关，与抽样误差无关"。

    E. "$p \leqslant 0.01$"时，研究者有 99% 的把握拒绝零假设，接受研究假设。

9. 以下有关"效应量"的说法，错误的是（ ）。

    A. 统计检验达到显著水平，效应量就会大。

    B. r 族效应量的值可能大于 1。

    C. 如果效应量很大，就说明实际意义重大。

    D. 效应量的计算方法和标准众多。

    E. 效应量和显著性反映的是同一问题的不同侧面。

10. 以下有关"变量及其测度"的说法，错误的是（ ）。

    A. 从研究问题的角度看，变量可分为自变量和因变量。

    B. 从测量精度的角度看，变量分为定类变量、定序变量和定距变量。

    C. 定距变量无法变为定序或定类变量，而定序或定类变量可以变成定距变量。

    D. 在收集数据时，应尽量收取定距类型的数据。

    E. 统计手段的选取在很大程度上受数据类型的制约。

11. 以下用于描述"集中趋势"的统计量是（　　）。

   A. 平均数　　B. 标准差　　C. 方差　　D. 众数　　E. 中位数

12. 以下用于描述"离散趋势"的统计量是（　　）。

   A. 平均数　　B. 标准差　　C. 方差　　D. 全距　　E. 四分位距

13. 对于定距数据而言，常用（　　）统计量分别描述它的集中趋势和离散趋势。

   A. 方差和标准差

   B. 标准差和平均数

   C. 众数和全距

   D. 平均数和标准差

   E. 中位数和四分位距

14. 如果样本 A 和样本 B 的平均数相同，但是样本 A 的标准差是样本 B 的 2 倍，这说明（　　）。

   A. 样本 A 的离散程度更大。

   B. 样本 B 的集中程度更大。

   C. 样本 A 的两极分化情况更严重。

   D. 样本 B 的两极分化情况更严重。

   E. 样本 A 和样本 B 没有什么差别。

15. 某调查问卷的一个题目是"你的 TEM4 考试成绩是＿＿＿＿＿＿分"，研究者收集到的数据类型是（　　）。

   A. 定类数据　　B. 定序数据　　C. 定距数据　　D. 定比数据　　E. 无效数据

第二章 统计方法概述

本章讨论有关统计方法选择的问题。这里所说的统计方法主要指推断统计学中的各类方法。这些方法的选择由研究问题、变量测度、自变量和因变量的性质等要素共同决定。总的说来，推断统计可分为差异推断统计和关系推断统计；前者是指对总体平均数之间差异的推断；后者是指对总体中变量之间关系的推断。推断统计的作用在于让研究者能够根据样本信息对总体进行推论。下面，我们将从差异推断统计和关系推断统计两大方面对统计方法进行概述。

2.1 寻找差异的统计方法

寻找差异的统计方法与（a）因变量的性质、（b）自变量的个数、（c）自变量的水平数，以及（d）对被试的测量次数有很大关系。以上四个方面是选择差异推断统计方法的重要参考标准。

在差异推断统计中，因变量常是定距变量，如学生的英语成绩、通过李克特量表或语义差异量表[1]等测量得到的分数、实验处理后得到的反应时间等等。此外，也有定类数据，如男生人数和女生人数、通过考试和未通过考试的人数、赞成某项决定和反对某项决定的人数、某个单词在某种语境中出现的次数等等。**因为这些定类数据都以个数为单位，所以也称为频次数据（frequency data）或计数数据（count）**。这两类因变量（定距数据和频次数据）在差异推断统计中适用的方法是不同的，因为对于定距数据而言，比较的是平均数；对于频次数据而言，比较的是次数。

自变量的个数有两种情况：**只有一个自变量的差异推断统计被称为单因素设计（single factor design）；有两个及以上自变量的差异推断统计被称为多因素设计（multiple factor design）**（但通常说来自变量的个数不会超过三个）。比

---

1 语义差异量表通常用来测量态度。它通常由一对反义词构成，中间采用 7 点计分。比如："英语无用 1 2 3 4 5 6 7 英语有用"。如果被试勾选 5，则表示他（她）认为英语是有用的，但不是特别有用；如果被试勾选 4，则表示他（她）的态度中立，不进行评价。

如，在研究教学法对成绩的影响时，只有"教学法"一个自变量，即为单因素设计。在研究教学法和教材对成绩的影响时，就有"教学法"和"教材"两个自变量，这被称为双因素设计。

　　自变量的不同取值被称为水平（level）。比如，在研究教学法和教材对成绩的影响时，"教学法"这个自变量可能有 2 个水平：交际法（水平 1）和语法翻译法（水平 2）；"教材"这个自变量可能有 3 个水平：国家统编教材（水平 1）、地方统编教材（水平 2）和学校自编教材（水平 3）。一个自变量至少要有 2 个水平。本例中，"教学法"有 2 个水平，"教材"有 3 个水平，因此，这是一个 2 × 3 的双因素设计，也就是说一共有 6 个组别：(1) 交际法＋国家统编教材，(2) 交际法＋地方统编教材，(3) 交际法＋学校自编教材，(4) 语法翻译法＋国家统编教材，(5) 语法翻译法＋地方统编教材，(6) 语法翻译法＋学校自编教材。事实上，自变量的水平数即组数。以"教学法"为例，被试根据它的 2 个水平被分为 2 组；以"教材"为例，被试根据它的 3 个水平被分为 3 组；以"教学法"和"教材"2×3 的双因素设计为例，被试根据自变量的 6 个水平被分为 6 组。同理，"测量时间"这个自变量可分为 2 个水平：学期初和学期末。

　　从对被试测量的次数角度看，**差异推断统计可以分为被试间设计（between-subject design）和被试内设计（within-subject design）。前者指每个被试只属于众多组中的一个组，或仅接受一次测量（或实验处理）；后者指每个被试接受两次及以上测量（或实验处理）**。比如，在研究教学法对成绩的影响时，共有两组被试，对其中一组被试采用"交际法"进行教学，对另一组采用"语法翻译法"进行教学。对每个被试来说，都只接受了一次实验处理："交际法"或"语法翻译法"。这就是被试间设计。再比如，在"交际法"组中，研究者在"学期初"对所有被试进行了一次英语水平测试，在"学期末"又对他们进行了一次英语水平测试。每个被试都经历了两次测量（即每个被试都有一个"学期初的分数"和一个"学期末的分数"），这就是被试内设计，也叫重复测量设计。**被试间设计和被试内设计还可以同时使用，称为混合设计（mixed design）**。仍以教学法对成绩的影响研究为例，被试分为两组："交际法"组和"语法翻译法"组。同时，若每组被试在学期初参加一次英语水平测试，学期末再参加一次英语水平测试，这便是一个 2×2 的双因素混合设计，对"教学法"这一自变量采用被试间设计，对"测量时间"这一自变量采用被试内设计。值得注意的是，这些设计方法没有好坏优劣之分，只有适用与否之别。采用哪种设计最终是由研究问题决定的，因为不同的研究问题要求使用不同的设计。如果进行跟踪研究，那么被试内设计就是更合适的设计方案；如果进行对比研究，那么被试间设计就是更好的选择；如果既有跟踪研究又有对比研究，那就应该采用混合设计的方法。

综合考虑以上四种影响因素，便可得出以下两个有关如何选择差异推断统计方法的表格（表 2.1 和表 2.2）。

表 2.1 一个自变量和一个因变量的差异推断统计方法[1]

因变量	比较内容	自变量			
		两个水平的自变量		多个水平的自变量	
		水平相互独立（被试间）	水平相互关联（被试内）	水平相互独立（被试间）	水平相互关联（被试内）
定距数据	平均数	独立样本 t 检验（Independent-Samples t Test）（第三章）	配对样本 t 检验（Paired-Samples t Test）（第四章）	单因素组间方差分析（One-Way Between-Subject ANOVA）（第五章）	单因素组内方差分析（One-Way Within-Subject ANOVA）（第六章）
定序数据	平均秩次	曼惠特尼 U 检验（Mann-Whitney U-test）	威尔柯克斯符号秩和检验（Wilcoxon Signed-rank Test）	克—瓦氏检验（Kruskal-Wallis Test）	弗里德曼检验（Friedman Test）
定类数据	次数	卡方检验（Chi-square Test）[2]（第十章）	迈克耐玛检验（McNemar's Test）	卡方检验（第十章）	库克朗 Q 检验（Cochran Q Test）

1　曼惠特尼 U 检验、威尔柯克斯符号秩和检验、克—瓦氏检验和弗里德曼检验统称为"非参数检验"，除了适用于因变量是定序变量的情况之外，它们还适用于因变量为非正态定距数据的情况。这类方法在第二语言研究中很少使用，本书不对此举例介绍。迈克耐玛检验和库克朗 Q 检验只适用于二分定类数据，比如男女、是否等，在第二语言研究中使用得较少，因此不列入本书介绍范围。

2　卡方检验比较特殊，它实际上是一种寻找关联的推断统计方法，但这种关联实际上反映了某种差异，因此将它列入此表。卡方检验也适用于定序数据。

表 2.2 多个自变量和一个因变量的差异推断统计方法[1]

因变量	比较内容	多个自变量		
		各变量水平全部独立（被试间）	各变量水平全部关联（被试内）	一些变量水平相互独立，另一些变量水平相互关联（混合）
定距数据	平均数	多因素组间方差分析（Two-Way Between-Subject ANOVA）（第七章）	多因素组内方差分析（Two-Way Within-Subject ANOVA）	多因素混合设计方差分析（Two-Way Mixed Design ANOVA）

2.2　寻找关联的统计方法

寻找关联的统计方法与（a）变量个数和（b）变量性质有密切关系。以上两个方面是选择关联推断统计方法时的重要参考标准。

从变量个数的角度看，可以分为**双变量关联（bivariate correlation）和多变量关联（multivariate correlation）。前者旨在检验两个变量之间的关系，后者重在探讨多个自变量和一个因变量的关系。**在双变量关联检验中，不区分自变量和因变量，因为研究者主要考察两个变量的共变关系，不区分谁是起因谁是结果。在多变量关联检验中，区分自变量和因变量，因为研究者主要考察多个自变量对一个因变量的预测关系。

从变量性质的角度看，双变量关联常涉及一对定距变量或一对定序变量或一对定类变量。多变量关联中，因变量只有一个，常常是定距变量，有时是二分（或多分）的定类变量；自变量有两个或两个以上，通常是定距变量，但也可以是定类变量。

综合考虑以上两类要素，便可得出以下两个有关如何选择关联推断统计方法的表格（表2.3和表2.4）。

1　多因素组内方差分析和多因素混合设计方差分析较为复杂，对初学者来说较难掌握，暂不列入本书介绍范围。

表 2.3 双变量关联推断统计方法

双变量的测度	关联内容	关联推断统计方法
一对正态分布的定距数据	分数	皮尔逊 r 相关（Pearson Correlation）（第八章）
一对非正态分布的定距数据，或一个定序和一个定距数据		斯皮尔曼 ρ[1] 相关（Spearman Correlation）（第八章）
一对定序数据	等级	肯德尔 τ[2] 相关（Kendall's tau Correlation）（第八章）
一个定序和一个定类数据		斯皮尔曼 ρ 相关（第八章）
一对定类数据	次数	φ 相关或克莱默 V 相关（Cramer's V Correlation）

表 2.4 多变量关联推断统计方法[3]

一个因变量（结果变量）	多个自变量（预测变量）		
	全部为定距数据	全部为二分定类数据	一些为定距数据，另一些为二分定类数据
定距数据	多元线性回归（Multiple Linear Regression）（第九章）		
二分定类数据	判别分析（Discriminate Analysis）	逻辑斯蒂回归（Logistic Regression）	

2.3 统计方法选择步骤

要找到恰当的统计方法需要以下四个步骤：

---

1 读做 rho，同 /rəʊ/ 发音，是希腊字母表中的第十七个字母。

2 读做 tau，同 /taʊ/ 发音，是希腊字母表中的第十九个字母。

3 根据第二语言研究的特点，本书仅介绍自变量和因变量全部为定距数据的多元线性回归。判别分析和逻辑斯蒂回归分析暂不列入本书讨论范围。

步骤 1：找出研究问题中的所有变量。

步骤 2：从测量精度上确定它们的类型（定类 / 定序 / 定距）。

步骤 3：思考研究问题的实质（找差异 / 找关联）。

步骤 4：如果是找差异的问题，则在表 2.1 和表 2.2 中进行统计方法选择；
如果是找关联的问题，则在表 2.3 和表 2.4 中进行选择。

练习

1. 某大学外语部在大一学年期末英语考试后，统计了两个系（国际金融系和国际法系）成绩为优、良、中、差的学生人数。现要考察两个系学生的英语成绩是否有显著差异，应使用何种统计方法？为什么？

2. 某教师出国进修时学习了一种新型词汇教学法，回国后在自己所教的一个班上采用了这种教学方法，而在另一个班仍然采用原来的教学方法。这两个班的学生的词汇水平入学时大体相同。一个学期之后，他对学生进行了一次词汇测验（百分制），他想考察这种新型词汇教学法的教学效果是否与原来的教学方法有显著的不同。他该使用什么统计方法？为什么？

3. 某教师打算在自己所教的班级检验一种阅读策略的有效性。在学期初，她对该班学生进行了一次阅读测试（百分制），之后，她对这个班的学生进行了一个学期的阅读策略训练。期末时，她又对该班学生进行了一次阅读测试（百分制）。她该用什么统计方法检验这次训练的效果？为什么？

4. 某教师为自己所教的学生进行 CET-4 考前辅导。临考前，他用三套模拟题给这些学生进行了模拟考试，并计算出分数。正式考试后，他收集到了每位学生的考试分数。他想考察模拟考试的成绩在多大程度上反映了学生的真实成绩，该用什么统计方法？为什么？

5. 某教师凭多年教学经验发现，父母职业背景对学生英语学习态度有一定影响。于是，他调查了父母职业分别是公务员、外企公司职员和英语教师这三类的学生的英语学习态度（态度用李克特五点量表测量）。他该用什么方法考察这些学生的态度差异？为什么？

6. 某校心理咨询师想考察两种治疗方法（1. 认知行为法；2. 精神分析法）缓

解英语学习焦虑的效果。30 名自称有英语学习焦虑感的学生被随机分配成两组（每组 15 人），每组接受一种疗法。一个学期后，他记录下每个人的焦虑得分。他想考察哪种治疗方法更有效地缓解了学生的焦虑症状，应该用什么统计方法？

7. 一位研究员想考察性格类型（内向型、外向型）和学习方式选择（小组学习、自学）是否有关系。他对 100 名参加这项研究的人作了性格测试，把他们按照性格测试结果分成内向型和外向型两组。然后要求每个参与者在小组学习和自学两者之中选择更喜欢的学习方式（结果如下表）。他应采用什么方法分析数据？为什么？

性格	喜欢的学习方式	
	小组学习	自学
内向	12	28
外向	43	17

8. 某教师想考察英语学习过程中社会支持（一个人能向其他人寻求支持的程度）能否预测学生英语学习的心理健康。他从所教的学生中随机抽取了 25 名，测量了他们的社会支持和心理健康指标（百分制，得分越高表明寻求支持 / 健康程度越高）。他应用什么方法分析数据？为什么？

9. 某教师对自己所教班级的 20 名学生的英语语调发展进行了为期三年的跟踪研究。从大一入学开始，她每个学年末都对这些学生进行一次英语语调测试（百分制）。到大三下学期为止，共进行了三次测试。她想考察学生语调发展变化的情况，该使用什么统计方法对数据进行统计分析？为什么？

10. 某校英语专业为考察系内活动对学生英语语言能力发展的影响进行了一项实验。他们以大二年级四个班的学生（入学时英语水平大体相当）为实验对象：一班参加"读经典原著"活动；二班参加"看原版电影"活动；三班既参加"读经典原著"活动又参加"看原版电影"活动；四班没有参加任何一种活动。一个学年之后，这些学生都接受了一次英语语言能力标准化测试（百分制），旨在考察哪种活动对学生的英语能力影响更大。研究者应该采用何种统计方法进行检验？为什么？

第三章　独立样本 t 检验

当因变量是定距变量，根据自变量水平将被试分为两个相互独立的组别时，若要比较两组的平均数是否有显著差异，就要使用独立样本 t 检验。

3.1　实例分析

某高校英语专业进行了为期两年的教材改革，实验对象为 2010 年入学的两个班的新生。这两个班学生的英语水平相当。一班学生使用 A 系列教材，二班学生使用 B 系列教材。大二下学期，他们同时参加了全国高校英语专业四级水平考试 (TEM4)。该系想考察这两套教材对学生的专四成绩是否有不同影响。

表 3.1　独立样本 t 检验实例解析

目标	数据要求	实例解析
检验两个相互独立组的平均数是否具有显著差异	因变量是定距数据	四级成绩（分数）
	自变量是二分的、相互独立的定类或定序数据	教材类型 • A 系列 • B 系列

3.2　研究问题与假设

基于上述实例，我们的研究问题是：对于使用不同教材的学生，他们的英语专业四级成绩是否存在显著差异？

针对这一研究问题，我们可以得出以下两种假设：

H_0: $\mu_{A系列教材} = \mu_{B系列教材}$

H_1: $\mu_{A系列教材} \neq \mu_{B系列教材}$

这里的 μ 代表总体平均数。零假设是两组平均数之间无显著差异，研究假设是两组平均数之间有显著差异。我们把显著水平设置为 $\alpha = 0.05$。那么，如果检验结果为 $p \leq 0.05$，我们拒绝零假设，接受研究假设，认为教材对学生英语专业四级成绩有显著影响；如果 $p > 0.05$，我们不拒绝零假设，认为教材对学生英语专业四级成绩没有显著影响。

3.3 SPSS 操作步骤

1. 打开本书光盘中的"例 3.1.sav"SPSS 数据文件；

2. 点击菜单栏中的 Analyze > Compare Means > Independent-Samples T Test，打开独立样本 t 检验主对话框，如图 3.1 所示；

3. 将左侧框中的"TEM4 成绩"送入 Test Variable(s)，将"教材类型"送入 Grouping Variable（图 3.1）；

4. 点击图 3.1 中的 Define Groups ... 按钮，进入 Define Groups 对话框（图 3.2），将组编号"1"和"2"分别填入 Group 1 和 Group 2 框中，单击 Continue 按钮返回主对话框；

5. 点击图 3.1 中的 OK 按钮。

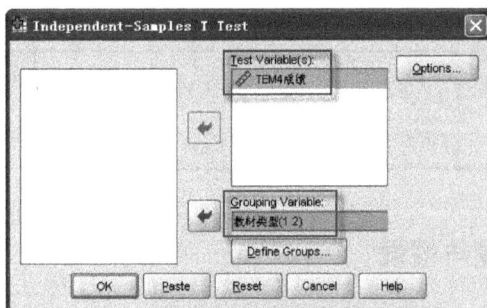

图 3.1 独立样本 t 检验主对话框

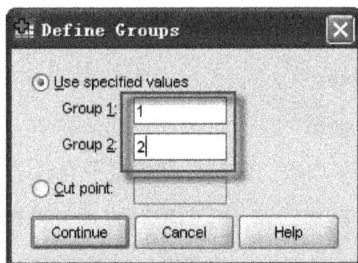

图 3.2 独立样本 t 检验：定义组别对话框

3.4　SPSS 输出结果解读

独立样本 *t* 检验共输出两张表格（表 3.2 和表 3.3）。表 3.2 是描述统计表，汇报了两个相互独立的组的人数（N[1]）、平均数（Mean）和标准差（Std. Deviation）。这些数据都需要在论文中进行汇报[2]。

表 3.2　独立样本 *t* 检验描述统计表

Group Statistics

	教材类型	N	Mean	Std. Deviation	Std. Error Mean
TEM4 成绩	A 系列教材	15	56.0000	9.41883	2.43193
	B 系列教材	15	45.0000	7.63451	1.97122

表 3.3 是推断统计表，汇报了方差齐性[3]检验结果（Levene's Test for Equality of Variances）、*t* 值（t）、自由度（df）、显著性（Sig. (2-tailed)[4]）和平均数之差（Mean Difference）。在解读这张表时，首先看方差齐性检验结果的显著性：如果该值大于 0.05，说明方差呈齐性，读取表中第一行中的 *t* 值、自由度、显著性和平均数之差；如果该值小于或等于 0.05，说明方差不呈齐性，读取表中第二行中的 *t* 值、自由度、显著性和平均数之差。本例中，方差齐性检验结果的显著性为 0.582，大于 0.05，所以应读取第一行中的 *t* 值（3.514）、自由度（28）、显著性（0.002）和平均数之差（11）。除方差齐性检验结果之外，其他信息需要在论文中汇报。

独立样本 *t* 检验的显著性小于我们事先设定的显著水平 0.05，这说明教材类型对学生英语四级考试成绩有显著影响。具体说来，使用 A 系列教材学生的成绩显著高于使用 B 系列教材的学生（*MD* = 11）。

1　在论文汇报时，应使用小写 n 表示样本量，但 SPSS 输出结果中均用大写 N 表示样本量。

2　凡需在论文中汇报的数据，本书均用方框在表格上标明，未标记数据不需要在论文中汇报。

3　方差齐性是指各组方差相等的程度。

4　SPSS 输出文件用 Sig. 表示 *p*。

表 3.3 独立样本 t 检验推断统计表

Independent Samples Test

		Levene's Test for Equality of Variances		t-test for Equality of Means						
									95% Confidence Interval of the Difference	
		F	Sig.	t	df	Sig. (2-tailed)	Mean Difference	Std. Error Difference	Lower	Upper
TEM4 成绩	Equal variances assumed	.311	.582[1]	3.514	28	.002	11.00000	3.13050	4.58747	17.41253
	Equal variances not assumed			3.514	26.850	.002	11.00000	3.13050	4.57507	17.42493

3.5 APA 学术论文结果汇报示例

汉语示例

独立样本 t 检验结果显示，使用不同教材的学生的英语专业四级考试成绩有显著差异（$t = 3.514$，$df = 28$，$p < 0.05$）：使用 A 系列教材学生的英语专业四级考试成绩显著高于使用 B 系列教材的学生（$MD = 11$）（见表 3.4）。

表 3.4 使用不同教材学生的英语专业四级考试成绩差异

	A 系列教材 ($n = 15$)		B 系列教材 ($n = 15$)		MD	t (28)
	M	SD	M	SD		
英语专业四级考试成绩	56	9.42	45	7.63	11	3.514*

$*p < 0.05$

---

1 不需在论文中汇报，但对阅读和理解统计表格有用的数据，在本书中均用下划线标注。

英语示例

Table 3.5 shows that <u>students using textbook A</u>[1] were significantly different from <u>those using textbook B</u> on <u>TEM4</u> score (t (28) = 3.514, $p < 0.05$). Inspections of the two group means indicate that the average <u>TEM4</u> score of <u>students using textbook A (56)</u> is significantly <u>higher</u> than the score of <u>students using textbook B (45)</u>. The difference between the means is <u>11</u> points on a <u>100</u>-point test.

Table 3.5 Comparison of Students Using Textbook A and Those Using Textbook B on TEM4 Score

	Textbook A (n = 15)		Textbook B (n = 15)		MD	t (28)
	M	SD	M	SD		
TEM4 Score	56	9.42	45	7.63	11	3.514*

*$p < 0.05$

练习

某校英语系对大一两个班新生进行了听力摸底考试，一个班学生在语言实验室里参加考试，另一个班学生在普通教室戴无线耳机参加考试。现要考察两种不同的考试环境对学生的听力成绩是否有显著影响。请回答以下问题：

1) 本题的自变量和因变量分别是什么？各自是什么测度？

2) 本题的研究目的是寻找差异还是寻找关联？

3) 本题的零假设和研究假设分别是什么？

4) 本题的 SPSS 操作步骤是什么？

5) 如何解读输出结果？

6) 如何用汉语和英语按照 APA 格式在学术论文中进行汇报？

---

[1] 画线部分表示可以被替换：读者可根据自己的检验结果进行套用。若检验结果尚未达到显著水平（$p > 0.05$），就将 were significantly different 改成 were NOT significantly different，同时省略 Inspections ... 那句话。

第四章 配对样本 *t* 检验

当因变量是定距变量，根据自变量水平将被试分为两个相互关联的组别时，若要比较两组的平均数是否有显著差异，就要使用配对样本 *t* 检验。

4.1 实例分析

一名研究人员对 32 名中国英语学习者的英语作文进行研究。他让 10 名英语本族语者和 10 名中国英语教师对这些作文进行评分（0—50 分），之后分别得到了 10 名英语本族语者教师的评分平均分和 10 名中国英语教师的评分平均分。他想比较这两组教师所给出的分数是否具有显著差异。

表 4.1 配对样本 *t* 检验实例解析

目标	数据要求	实例解析
检验两个相互关联的组的平均数是否具有显著差异	因变量是定距数据	作文得分（分数）
	自变量是二分的、相互关联的定类或定序数据	评分组 • 英语本族语者 • 中国英语教师

4.2 研究问题与假设

基于上述实例，我们的研究问题是：两类不同的人群对同一份作文所给出的分数是否存在显著差异？

针对这一研究问题，我们可以得出以下两种假设：

H_0：$\mu_{本族语者} = \mu_{中国教师}$

H_1：$\mu_{本族语者} \neq \mu_{中国教师}$

这里的 μ 代表总体平均数。零假设是两组平均数之间无显著差异，研究假设是两组平均数之间有显著差异。我们把显著水平设置为 $\alpha = 0.05$。那么，如果检验结果为 $p \leqslant 0.05$，我们拒绝零假设，接受研究假设，认为两类人群对学生英语作文的评分有显著差异；如果 $p > 0.05$，我们不拒绝零假设，认为两类人群对学生英语作文的评分没有显著差异。

4.3　SPSS 操作步骤

1. 打开本书光盘中的"例 4.1.sav"SPSS 数据文件；

2. 点击菜单栏中的 Analyze > Compare Means > Paired-Samples T Test，打开配对样本 *t* 检验主对话框，如图 4.1 所示；

3. 同时选中左侧框中"本族语者"和"中国教师"（先单击"本族语者"，然后按住 Shift 键，再单击"中国教师"），并将其送入 Paired Variables 对话框（图 4.1）；

4. 点击图 4.1 中的 OK 按钮。

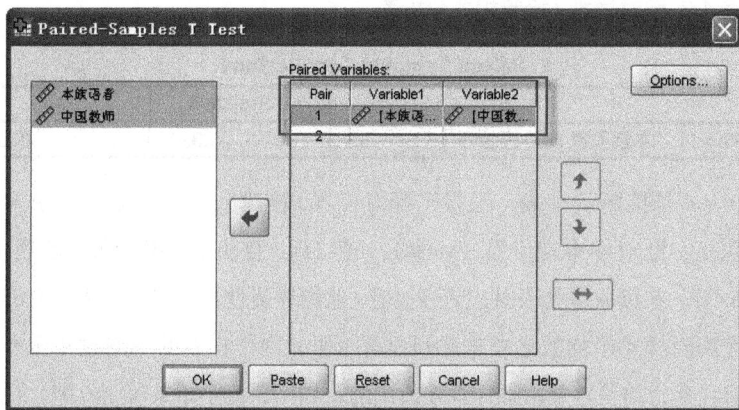

图 4.1　配对样本 *t* 检验主对话框

4.4　SPSS 输出结果解读

配对样本 *t* 检验共输出三张表格（表 4.2、表 4.3 和表 4.4）。表 4.2 是描述统计表，汇报了两个相互关联的组的人数（N）、平均数（Mean）和标准差（Std. Deviation）。这些数据都需要在论文中进行汇报。

表 4.2 配对样本 *t* 检验描述统计表

Paired Samples Statistics

		Mean	N	Std. Deviation	Std. Error Mean
Pair 1	本族语者	25.0313	32	6.25008	1.10487
	中国教师	28.2813	32	7.84624	1.38703

　　表 4.3 是两个样本平均数的相关分析表。这张表给出了两个样本平均数的相关系数（Correlation）和显著性（Sig.）。本例中，"本族语者"样本和"中国教师"样本的平均数相关系数为 0.321，$p > 0.05$。这个结果表明，两个平均数的相关系数尚未达到显著水平。这一结果不影响配对样本 *t* 检验的最后结果，它只是给研究者提供了两个样本的相关信息。所以，无论这里的相关系数是否达到了显著水平，一般说来，此表的信息都忽略不计。

表 4.3 配对样本 *t* 检验相关分析表

Paired Samples Correlations

		N	Correlation	Sig.
Pair 1	本族语者 & 中国教师	32	.321	.073

　　表 4.4 是推断统计表，汇报了配对样本 *t* 检验的最后结果，其中重要的数据包括：配对样本均值差（Mean）、*t* 值（t）、自由度（df）和显著性（Sig. (2-tailed)）。在读取这张表时，请直接看 *t* 值的显著性：如果该值大于 0.05，说明两个配对样本平均数之差未达到显著水平，两个样本的平均数并无本质差异，所观察到的差异是由抽样误差造成的；如果该值小于或等于 0.05，说明两个配对样本平均数之差达到显著水平，两个样本的平均数有显著差异。本例中的 *t* 值为 – 2.211，自由度为 31，显著性为 0.035。该显著性值小于我们事先设定的显著水平 0.05，这说明两个配对样本均值差（– 3.25）已经达到显著水平，具体说来，本族语者群体对学生英语作文的评分显著低于中国教师的评分。研究者有 95% 的把握认定这个差异是真正存在的。除上述信息之外，其他信息均不需要在论文中汇报。

表 4.4 配对样本 *t* 检验推断统计表

Paired Samples Test

	Paired Differences					t	df	Sig. (2-tailed)
				95% Confidence Interval of the Difference				
	Mean	Std. Devation	Std. Error Mean	Lower	Upper			
Pair 1 本族语者 - 中国教师	-3.25000	8.31633	1.47013	-6.24836	-.25164	-2.211	31	.035

4.5 APA 学术论文结果汇报示例

汉语示例

配对样本 *t* 检验结果显示，不同教师群体对学生英语作文的评分有显著差异（*t* = -2.211，*df* = 31，*p* < 0.05）：本族语者教师对学生英语作文的评分显著低于中国英语教师的评分（*MD* = -3.25）（见表 4.5）。

表 4.5 英语作文成绩教师评定差异（*n* = 32）

	本族语者		中国教师		*MD*	*t* (31)
	M	*SD*	*M*	*SD*		
英语作文成绩	25.03	6.25	28.28	7.85	-3.25	-2.211*

*p < 0.05

英语示例

Table 4.6 shows that <u>native speakers</u>[1] were significantly different from <u>Chinese English teachers</u> on <u>the scores of students' English composition</u> (*t* (31) = -2.211, *p* < 0.05). Inspections of the two group means indicate that the average <u>score of students' English composition given by native speakers (25.03)</u> is significantly <u>lower</u> than <u>that</u>

1　画线部分表示可以被替换：读者可根据自己的检验结果进行套用。若检验结果尚未达到显著水平（*p* > 0.05），就将 were significantly different 改成 were NOT significantly different，同时省略 Inspections ... 那句话。

given by Chinese English teachers (28.28). The difference between the means is -3.25 points on a 50-point test.

Table 4.6 Comparison of Teachers' Scores on Students' English Composition (n = 32)

	Native Speakers		Chinese Teachers		MD	t (31)
	M	SD	M	SD		
Composition Scores	25.03	6.25	28.28	7.85	-3.25	-2.211*

*$p < 0.05$

练习

某英语教师要研究学生的词汇量增长程度。于是她在开学初对某班进行了一次词汇测试（十分制）。一个学期之后，她用同一套词汇试题又对这个班级进行了一次词汇测试（十分制）。现要考察学生在这一个学期之内词汇量是否有显著增长。

1）本题的自变量和因变量分别是什么？各自是什么测度？

2）本题的研究目的是寻找差异还是寻找关联？

3）本题的零假设和研究假设分别是什么？

4）本题的 SPSS 操作步骤是什么？

5）如何解读输出结果？

6）如何用汉语和英语按照 APA 格式在学术论文中进行汇报？

第五章　单因素组间方差分析

当因变量是定距变量，根据自变量水平将被试分为三个及以上相互独立的组别时，若要比较这些组的平均数是否有显著差异，就要使用单因素组间方差分析。

5.1　实例分析

某研究者要考察三种词汇学习策略（A策略、B策略、C策略）对词汇成绩的影响。为此，他将30名学生随机分为三组，每组10个人。每一组在记忆词汇时只使用上述一种策略。研究者给这30名学生相同的单词（一共15个）进行记忆，要求他们在5分钟之内记下尽可能多的单词。5分钟后，他让学生回忆这些单词，回忆起一个得一分。他想考察这三种词汇学习策略是否对学生的词汇成绩有不同影响。

表 5.1 单因素组间方差分析实例解析

目标	数据要求	实例解析
检验三个及以上相互独立的组的平均数是否具有显著差异	因变量是定距数据	词汇成绩（分数）
	自变量是三分（或多分）的、相互独立的定类或定序数据	词汇学习策略 • A策略 • B策略 • C策略

5.2　研究问题与假设

基于上述实例，我们的研究问题是：使用不同词汇学习策略的学生，其词汇成绩是否存在显著差异？

针对这一研究问题，我们可以得出以下两种假设：

H_0：$\mu_{A策略} = \mu_{B策略} = \mu_{C策略}$

H_1：至少有一种策略的记忆效果显著不同于其他两种。

这里的 μ 代表总体平均数。零假设是三组平均数之间无显著差异，研究假设是至少有一种策略的记忆效果显著不同于其他两种。我们把显著水平设置为 $\alpha = 0.05$。那么，如果检验结果为 $p \leqslant 0.05$，我们拒绝零假设，接受研究假设，认为词汇学习策略对学生英语词汇成绩有显著影响；如果 $p > 0.05$，我们不拒绝零假设，认为词汇学习策略对学生英语词汇成绩没有显著影响。

5.3 SPSS 操作步骤

1. 打开本书光盘中的"例 5.1.sav"SPSS 数据文件；

2. 点击菜单栏中的 Analyze > Compare Means > One-Way ANOVA，打开 One-Way ANOVA 主对话框，如图 5.1 所示；

3. 将"词汇成绩"送入 Dependent List，将"词汇记忆策略"送入 Factor（图 5.1）；

4. 点击图 5.1 中的 Post Hoc ... 按钮，进入 One-Way ANOVA: Post Hoc Multiple Comparisons 对话框，勾选 Tukey 和 Tamhane's T2，单击 Continue 按钮返回（图 5.2）；

5. 点击图 5.1 中的 Options ... 按钮，进入 One-Way ANOVA: Options 对话框，勾选 Descriptive 和 Homogeneity of variance test，再单击 Continue 按钮返回（图 5.3）；

6. 点击图 5.1 中的 OK 按钮。

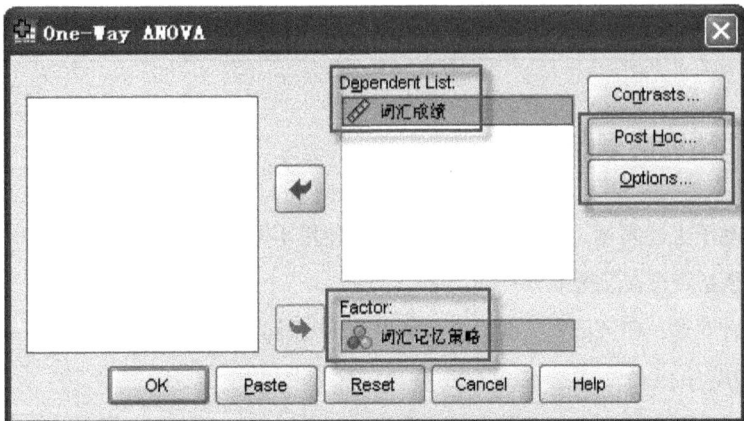

图 5.1　One-Way ANOVA 主对话框

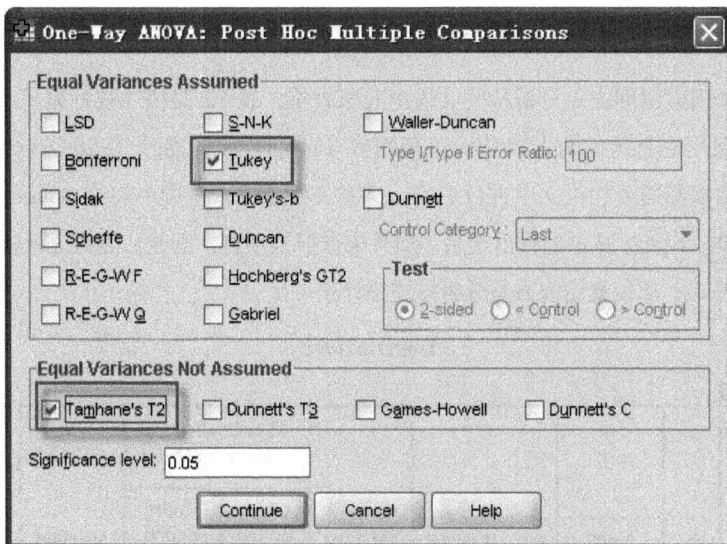

图 5.2　One-Way ANOVA：事后比较对话框

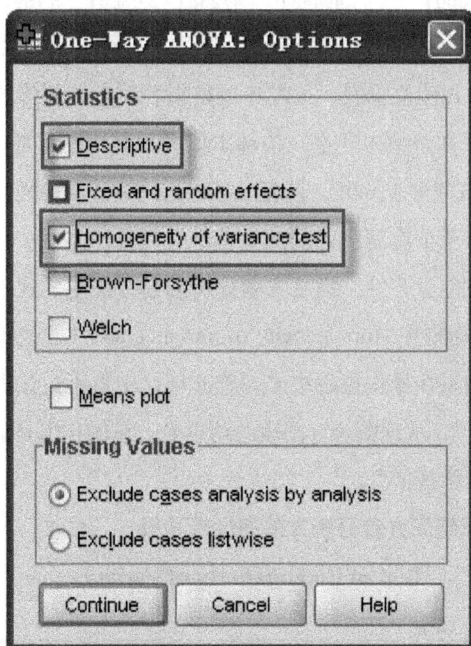

图 5.3　One-Way ANOVA：选项对话框

5.4 SPSS 输出结果解读

单因素组间方差分析检验共输出五张表格。表 5.2 是描述统计表，汇报了三个相互独立的组的人数（N）、平均数（Mean）和标准差（Std. Deviation）。这些数据都需要在论文中进行汇报。这张表格是操作步骤中勾选 Options 对话框中 Descriptive 选项的输出结果，如果未选择该项目，则无法得到这张表格。

表 5.2 单因素组间方差分析描述统计表

Descriptives

词汇成绩

| | N | Mean | Std. Deviation | Std. Error | 95% Confidence Interval for Mean | | Minimun | Maximum |
					Lower Bound	Upper Bound		
A 策略	10	8.9000	1.52388	.48189	7.8099	9.9901	7.00	12.00
B 策略	10	10.2000	1.39841	.44222	9.1996	11.2004	8.00	12.00
C 策略	10	4.7000	1.49443	.47258	3.6309	5.7691	2.00	7.00
Total	30	7.9333	2.77841	.50727	6.8959	8.9708	2.00	12.00

表 5.3 是方差齐性检验表。方差齐性是指各组方差相等的程度。在单因素组间方差分析中，方差呈齐性是一条基本前提，其判断标准就是该表给出的 p 值（Sig.）：如果该值大于 0.05，就表示各组之间方差呈齐性；如果该值小于或等于 0.05，就表示至少有两组之间的方差不呈齐性。本例中，$p = 0.980$，远远大于 0.05，说明方差呈齐性，满足方差分析的前提假定。这张表格是操作步骤中勾选 Options 对话框中 Homogeneity of variance test（方差齐性检验）选项之后的输出结果，如果在操作过程中未勾选此项，则得不到该表格。这一数据不需要在论文中汇报[1]，从理解统计图表的角度看，它的作用是让研究者明确需要读取后续表格中的哪些信息。

表 5.3 单因素组间方差分析方差齐性检验表

Test of Homogeneity of Variances

词汇成绩

Levene Statistic	df1	df2	Sig.
.021	2	27	.980

1　不需在论文中汇报，但对阅读和理解统计表格有用的数据，在本书中均用下划线标出。

表 5.4 是推断统计表，汇报了重要的方差分析结果：F 值 (F)、自由度 (df) 和显著性 (Sig. (2-tailed))。在读取这张表时，首先看方差检验结果的显著性 (即 Sig. 值)：如果该值小于或等于 0.05，说明至少有两组平均数之差达到显著水平；如果该值大于 0.05，说明各组平均数之差没有达到显著水平。这些信息都需要在论文中进行汇报。

表 5.4　单因素组间方差分析推断统计表

ANOVA

词汇成绩

	Sum of Squares	df	Mean Square	F	Sig.
Between Groups	165.267	2	82.633	38.073	.000
Within Groups	58.600	27	2.170		
Total	223.867	29			

表 5.5 是事后差异检验表。它的作用是在 F 检验达到显著水平之后 (表 5.4 中的 Sig. 值小于或等于 0.05)，进一步考察差异到底存在于哪几组之间。这张表格由两大部分构成：一部分是 Tukey HSD 差异检验结果，另一部分是 Tamhane 检验结果。这是操作步骤中勾选 Post Hoc 对话框中 Tukey 和 Tamhane's T2 两个选项后的输出结果，如果未勾选这两项，则无法获得这张表格。两种检验结果的作用是相同的，不同之处在于适用条件。如果方差齐性检验结果 (见表 5.3) 未达到显著水平 ($p > 0.05$)，即各组方差呈齐性，就读取 Tukey HSD 的检验结果；如果方差齐性检验结果达到显著水平 ($p \leqslant 0.05$)，即各组方差不呈齐性，就读取 Tamhane 的检验结果。本例中，方差齐性结果未达到显著水平 ($p = 0.980 > 0.05$)，故应读取 Tukey HSD 的检验结果。读取该表的技巧是只读带星号的正数即可，因为它表示达到显著水平的差异。例如，A 策略和 C 策略之差是 4.20，并且其上方带有一个星号，表示在 0.05 水平上，这个差异是显著的。以此类推，B 策略和 C 策略之差是 5.50，且其上方也带有一个星号，表示在 0.05 水平上，这个差异是显著的。

表 5.5 单因素组间方差分析事后差异检验表

Multiple Comparisons

Dependent Variable: 词汇成绩

> 只需读取这一列中带星号的正数，它就是平均数之差，是（I）列减（J）列的结果。星号表示达到显著水平。

	(I) 词汇记忆策略	(J) 词汇记忆策略	Mean Difference(I-J)	Std. Error	Sig.	Lower Bound	Upper Bound
Tukey HSD	A 策略	B 策略	-1.30000	.65884	.138	-2.9335	.3335
		C 策略	4.20000*	.65884	.000	2.5665	5.8335
	B 策略	A 策略	1.30000	.65884	.138	-.3335	2.9335
		C 策略	5.50000*	.65884	.000	3.8665	7.1335
	C 策略	A 策略	-4.20000*	.65884	.000	-5.8335	-2.5665
		B 策略	-5.50000*	.65884	.000	-7.1335	-3.8665
Tamhane	A 策略	B 策略	-1.30000	.65405	.176	-3.0221	.4221
		C 策略	4.20000*	.67495	.000	2.4241	5.9759
	B 策略	A 策略	1.30000	.65405	.176	-.4221	3.0221
		C 策略	5.50000*	.64722	.000	3.7964	7.2036
	C 策略	A 策略	-4.20000*	.67495	.000	-5.9759	-2.4241
		B 策略	-5.50000*	.64722	.000	-7.2036	-3.7964

*. The mean difference is significant at the 0.05 level.

　　需要说明的是，事后检验的种类繁多，选择时需要注意以下几点：当各组人数相等时，最好选择 Tukey（或 Scheffe）和 Tamhane's T2 检验；当各组人数不相等时，最好选择 Bonferroni 和 Games-Howell 检验（见图 5.2）。另外，当方差齐性检验达到显著水平时（$p \leqslant 0.05$），也可以使用相应的非参数检验[1]进行分析。

　　表 5.6 是同质性分组表，是表 5.5 的简略版本，也是 Tukey 检验之后，专门输出的一张表格。这张表以简明扼要的方式将事后差异检验结果汇报出来。根据各组平均数的同质性，这三组被分为两类：在第一类中，C 策略单独为一组；在第二类中，A 策略和 B 策略合为一组。表中的数值是各组的平均数，与表 5.2 中的平均数信息完全相同。分在同一类里的各组平均数之间无显著差异，即 A 策略和 B 策略的平均数之差未达到显著水平；但这些组与未被归在同一类的其他组的平均数之差达到了显著水平，即 A 策略和 C 策略的平均数之差达到显著水平，B 策略和 C 策略的平均数之差也达到显著水平。这张表格的优

---

[1] 与单因素组间方差分析相对应的非参数检验是 Kruskal-Wallis H 检验，但这一方法不列入本书讨论范围，感兴趣的读者可以参考其他书籍。

点是将信息极大地浓缩，节省了空间，一目了然，但是对于初学统计学、初读统计表的人来说解读起来有一定难度。初学者只看表 5.5 的信息即可。

表 5.6　单因素组间方差分析同质性分组表

词汇成绩

	词汇记忆策略	N	Subset for alpha = 0.05	
			1	2
Tukey HSD[a]	C 策略	10	4.7000	
	A 策略	10		8.9000
	B 策略	10		10.2000
	Sig.		1.000	.138

Means for groups in homogeneous subsets are displayed.

a. Uses Harmonic Mean Sample Size = 10.000.

5.5　APA 学术论文结果汇报示例

汉语示例

　　单因素组间方差分析结果显示，使用不同词汇记忆策略的学生词汇成绩有显著差异（$F(2, 27) = 38.07$，$p < 0.05$）：使用 A 策略和使用 B 策略的学生词汇成绩均显著高于使用 C 策略的学生，分别为 $MD = 4.20$ 和 $MD = 5.50$。但使用 A 策略和使用 B 策略的学生词汇成绩之间无显著差异（见表 5.7）。

表 5.7　词汇成绩的策略差异

	A 策略 (n = 10)		B 策略 (n = 10)		C 策略 (n = 10)		F (2, 27)	Post Hoc (Tukey)
	M	SD	M	SD	M	SD		
词汇成绩	8.90	1.52	10.20	1.40	4.70	1.49	38.07*	A 策略 > C 策略 B 策略 > C 策略

*$p < 0.05$

英语示例

Table 5.8 shows that <u>word recall scores</u>[1] were significantly <u>varied by the learning strategy used</u> ($F (2, 27) = 38.07$, $p < 0.05$). <u>Tukey's post hoc procedure</u> indicated that <u>those who used strategy A and those who used strategy B recalled</u> significantly <u>more words than those who used strategy C</u>. There was not a significant difference in word recall scores between strategies A and B.

Table 5.8 Comparison of Learning Strategies on Word Recall Scores

	Strategy A (n = 10)		Strategy B (n = 10)		Strategy C (n = 10)		F (2, 27)	Post Hoc (Tukey)
	M	SD	M	SD	M	SD		
Word Recall Scores	8.90	1.52	10.20	1.40	4.70	1.49	38.07*	Strategy A > Strategy C Strategy B > Strategy C

*$p < 0.05$

练习

一位研究者想要考察在英国读硕士研究生的外国留学生的英语水平。为此，他从本校全部留学生名录中随机抽取了 40 名，这些留学生分别来自欧洲（10 名）、南美（10 名）、北非（10 名）和远东（10 名）。然后，他对这 40 名学生进行了一项英语水平测试（满分为 40 分）。现要考察来自四个不同地区的留学生英语水平是否有显著差异。

1）本题的自变量和因变量分别是什么？各自是什么测度？

2）本题的研究目的是寻找差异还是寻找关联？

3）本题的零假设和研究假设分别是什么？

4）本题的 SPSS 操作步骤是什么？

5）如何解读输出结果？

6）如何用汉语和英语按照 APA 格式在学术论文中进行汇报？

1　画线部分表示可以被替换：读者可根据自己的检验结果进行套用。

第六章 单因素组内方差分析

当因变量是定距变量，根据自变量水平将被试分为三个或以上相互关联的组别时，若要比较这些组的平均数是否有显著差异，就要使用单因素组内方差分析。

6.1 实例分析

某教师要考察一个为期十六周的自主学习策略培训项目的效果。为此，他随机抽取了 25 名学生参与这项实验。在培训开始时，他用一个由 10 个题项构成的自主学习能力评价量表对这些学生进行了测试；培训进行到第八周和培训结束时，他又分别用同一量表对这些学生进行了两次测试；量表总分范围在 6 至 60 分之间，分数越高表明自主学习能力越强。这位教师想考察培训项目对学生自主学习能力是否有显著的影响。

表 6.1 单因素组内方差分析实例解析

目标	数据要求	实例解析
检验三个及以上相互关联的组的平均数是否具有显著差异	因变量是定距数据	自主学习能力
	自变量是三分（或多分）的、相互关联的定类或定序数据	测量时间 • 开始时 • 第八周 • 结束时

6.2 研究问题与假设

基于上述实例，我们的研究问题是：三次测量得到的自主学习能力评价分数之间是否存在显著差异？

针对这一研究问题，我们可以得出以下两种假设：

H_0：$\mu_{开始时} = \mu_{第八周} = \mu_{结束时}$

H_1：至少有一次自主学习能力评价得分显著不同于其他两次。

这里的 μ 代表总体平均数。零假设是三组平均数之间无显著差异，研究假设是至少有一次自主学习能力评价得分显著不同于其他两次。我们把显著水平设置为 $\alpha = 0.05$。那么，如果检验结果为 $p \leqslant 0.05$，我们拒绝零假设，接受研究假设，认为自主学习策略培训对学生的自主学习能力有显著影响；如果 $p > 0.05$，我们不拒绝零假设，认为自主学习策略培训对学生的自主学习能力没有显著影响。

6.3 SPSS 操作步骤

单因素组内方差分析的 SPSS 操作步骤如下：

1. 打开本书光盘中的"例 6.1.sav"SPSS 数据文件；

2. 点击菜单栏中的 Analyze > General Linear Model > Repeated Measures …，打开单因素组内方差分析变量分析水平限定对话框，如图 6.1 所示；

3. 将 Within-Subject Factor Name 中的 factor 1 改为 time，这表示自变量是测量时间；并在 Number of Levels 后填入"3"，这表示自变量测量时间有 3 个水平（开始时、第八周和结束时）；然后点击 Add 按钮，使其旁边框中出现 time (3)，再点击对话框下方的 Define 按钮进入主对话框（图 6.2）；

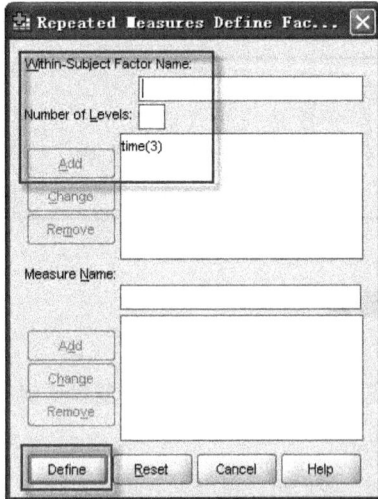

图 6.1 单因素组内方差分析变量水平限定对话框

4. 同时选中图 6.2 左侧栏中的 "开始时"、"第八周"、"结束时"（先单击 "开始时"，按住 Shift，再单击 "结束时"），点击中间的向右箭头，将其送入 Within-Subjects Variables (time) 框中（图 6.2）；

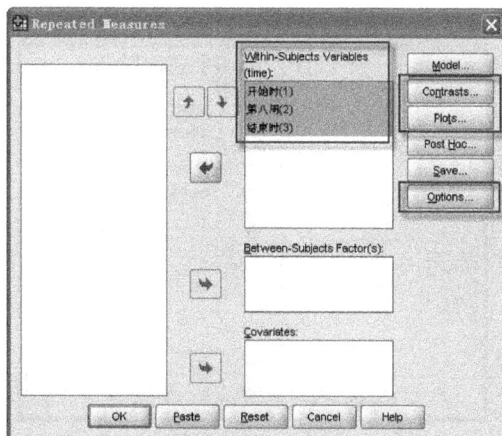

图 6.2　单因素组内方差分析主对话框

5. 点击图 6.2 中的 Options ... 按钮，进入 Repeated Measures: Options 对话框，勾选 Descriptive Statistics，单击 Continue 按钮返回（图 6.3）；

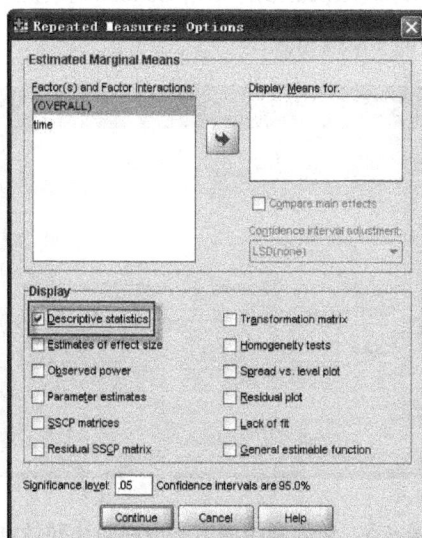

图 6.3　单因素组内方差分析选项对话框

6. 点击图 6.2 中的 Plots … 按钮，进入 Repeated Measures: Profile Plots 对话框，将 Factors 框中的 time 送入右侧 Horizontal Axis 框中，点击 Add 按钮，使之出现在 Plots 框中，单击 Continue 按钮返回（图 6.4）；

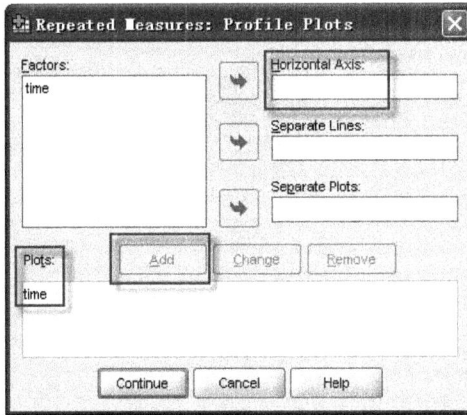

图 6.4　单因素组内方差分析图表对话框

7. 点击图 6.2 中的 Contrasts … 按钮，进入 Repeated Measures: Contrasts 对话框，在 Contrast 后面的下拉菜单中选择 Repeated，并点击 Change 按钮，使 Factors 框中出现 time (Repeated)，单击 Continue 按钮返回（图 6.5）；

8. 点击图 6.2 中的 OK 按钮。

图 6.5　单因素组内方差分析对比对话框

6.4 SPSS 输出结果解读

按照上述操作步骤，单因素组内方差分析检验共输出七张表和一张图。表 6.2 是变量信息表。该表给出了组内变量的名称（time）和它的水平（开始时、第八周、结束时）。这个表中的信息无需在论文中进行汇报。

表 6.2 单因素组内方差分析变量信息表

Within-Subjects Factors

Measure: MEASURE_1

time	Dependent Variable
1	开始时
2	第八周
3	结束时

表 6.3 是描述统计表，汇报了三个相互关联的组的人数（N）、平均数（Mean）和标准差（Std. Deviation）。这些数据都需要在论文中进行汇报。这张表格是操作步骤中勾选 Options 对话框中 Descriptive Statistics 选项后的输出结果，如果未选择该项目，则无法得到这张表格。

表 6.3 单因素组内方差分析描述统计表

Descriptive Statistics

	Mean	Std. Deviation	N
开始时	22.4800	8.10411	25
第八周	22.7200	7.35142	25
结束时	24.8800	7.20139	25

表 6.4 是多变量检验表。由于本例中只有一个自变量（测量时间）和一个因变量（自主学习能力），因此此表信息不适用于本例，可忽略。

表 6.4 单因素组内方差分析多变量检验表

Multivariate Tests^b

Effect		Value	F	Hypothesis df	Error df	Sig.
time	Pillai's Trace	.569	15.155^a	2.000	23.000	.000
	Wilks' Lambda	.431	15.155^a	2.000	23.000	.000
	Hotelling's Trace	1.318	15.155^a	2.000	23.000	.000
	Roy's Largest Root	1.318	15.155^a	2.000	23.000	.000

a. Exact statistic

b. Design: Intercept

Within Subjects Design: time

表 6.5 是球形检验表。球形指的是单因素组内方差分析中每两对平均数之差的方差是相等的（$\sigma^2_{开始时-第八周} = \sigma^2_{第八周-结束时} = \sigma^2_{开始时-结束时}$）。球形假设是单因素组内方差分析的一个基本前提。一般说来，满足球形假设的数据方可进行单因素组内方差分析。其判断标准就是该表给出的 p 值（Sig.）：如果该值大于 0.05，就表示数据满足球形假设；如果该值小于或等于 0.05，就表示数据不满足球形假设。本例中，$p = 0.056$，大于 0.05，说明数据满足球形假设的前提假定，适合进行单因素组内方差分析。这一数据不需要在论文中汇报，从理解统计图表的角度看，它的作用是让研究者知道应该如何读取后续表格中的信息。

表 6.5 单因素组间方差分析球形假设检验表

Mauchly's Test of Sphericity^b

Measure: MEASURE 1

Within Subjects Effect	Mauchly's W	Approx. Chi-Square	df	Sig.	Epsilon^a		
					Greenhouse-Geisser	Huynh-Feldt	Lower-bound
time	.779	5.751	2	.056	.819	.871	.500

Tests the null hypothesis that the error covariance matrix of the orthonormalized transformed dependent variables is proportional to an identity matrix.

a. May be used to adjust the degrees of freedom for the averaged tests of significance.

Corrected tests are displayed in the Tests of Within-Subjects Effects table.

b. Design: Intercept

Within Subjects Design: time

　　表 6.6 是组内效应检验表，即单因素组内方差分析的推断统计表，它汇报了重要的方差分析结果：F 值（F）、自由度（df）和显著性（Sig. (2-tailed)）。在读取这张表时，首先看方差检验结果的显著性（即 Sig. 值）：如果该值小于或等于 0.05，说明至少有两次测量的平均数之差达到显著水平；如果该值大于 0.05，说明任何两次测量的平均数之差都没有达到显著水平。这些信息都需要在论文中汇报。

表 6.6　单因素组内方差分析组内效应检验表

Tests of Within-Subjects Effects

Measure: MEASURE 1

Source		Type III Sum of Squares	df	Mean Square	F	Sig.
time	Sphericity Assumed	87.360	2	43.680	14.298	.000
	Greenhouse-Geisser	87.360	1.638	53.343	14.298	.000
	Huynh-Feldt	87.360	1.741	50.166	14.298	.000
	Lower-bound	87.360	1.000	87.360	14.298	.001
Error (time)	Sphericity Assumed	146.640	48	3.055		
	Greenhouse-Geisser	146.640	39.305	3.731		
	Huynh-Feldt	146.640	41.794	3.509		
	Lower-bound	146.640	24.000	6.110		

　　需要补充的是，本例之所以取 Sphericity Assumed 的统计量（F 值、自由度和显著性），是因为数据满足球形假设（参见表 6.5，$p > 0.05$）。如果数据不满足球形假设（即 $p \leqslant 0.05$），则不能使用 Sphericity Assumed 的各种统计量，需要换做表 6.6 中提供的其他统计量：Greenhouse-Geisser、Huynh-Feldt 或者 Lower-bound。一般说来，研究者们倾向于选用 Greenhouse-Geisser，因为这类统计量在计算时，既非特别严格，亦非特别宽松，比较适中，相对来说结果更为可信。

　　表 6.7 是组内对比检验表。它的作用是在 F 检验达到显著水平之后（表 6.6 中的 Sig. 值小于或等于 0.05 时），进一步考察差异到底存在于哪几组之间。该表信息显示，开始时和第八周之间的均值差未达到显著水平（$F (1, 24) = 0.249$，$p > 0.05$），第八周和结束时之间的均值差达到了显著水平（$F (1, 24) = 30.641$，$p < 0.05$）。对该表信息的解读需要和图 6.6 相结合。该表是在 Contrast 对话框中选择了 Repeated 选项之后的结果，如果未执行这步操作，则无法获得此表。

表 6.7 单因素组内方差分析组内对比检验表

Tests of Within-Subjects Contrasts

Measure: MEASURE 1

Source	time	Type III Sum of Squares	df	Mean Square	F	Sig.
time	Level 1 vs. Level 2	1.440	1	1.440	.249	.622
	Level 2 vs. Level 3	116.640	1	116.640	30.641	.000
Error (time)	Level 1 vs. Level 2	138.560	24	5.773		
	Level 2 vs. Level 3	91.360	24	3.807		

表 6.8 是组间效应检验表。由于本例中无组间变量，所以忽略此表提供的信息即可。

表 6.8 单因素组内方差分析组间效应检验表

Tests of Between-Subjects Effects

Measure: MEASURE 1

Transformed Variable: Average

Source	Type III Sum of Squares	df	Mean Square	F	Sig.
Intercept	13642.240	1	13642.240	247.336	.000
Error	1323.760	24	55.157		

最后得到的是单因素组内方差分析均值比较图（图 6.6）。该图清晰地显示了三次测量得到的均值及其相互关系。该图信息需要和表 6.7 相结合进行解读。从该图可以看出，策略培训的效果总体呈上升趋势，但是第八周较开始时上升的幅度不显著，结束时较第八周上升的幅度则非常显著。该图的信息需要在论文中汇报。

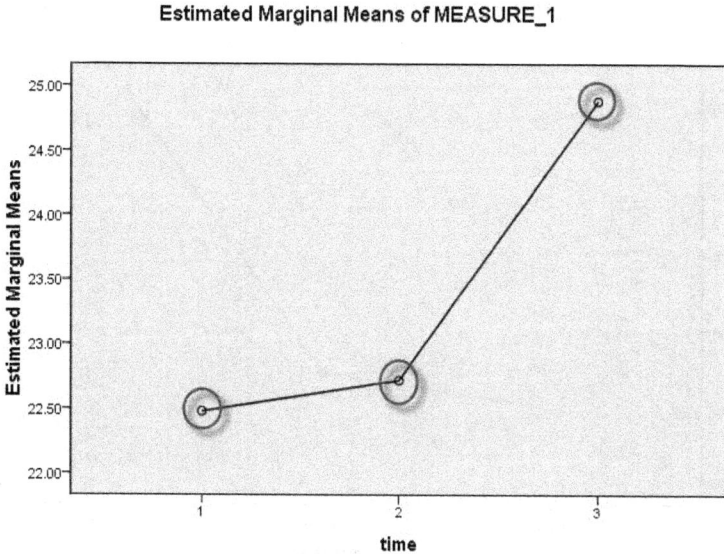

Estimated Marginal Means of MEASURE_1

图 6.6　单因素组内方差分析均值比较图 [1]

6.5　APA 学术论文结果汇报示例

汉语示例

　　单因素组内方差分析结果显示，自主学习策略培训对学生的自主学习能力有显著影响（$F_{(2, 48)} = 14.30$，$p < 0.05$）。重复对比结果显示，培训结束时学生的自主学习能力得分显著高于第八周（$MD = 2.16$），但是第八周和培训开始时的得分之间（$MD = 0.24$）无显著差异（表 6.9）。总体说来，随着策略培训的展开，学生的自主学习能力在不断提高（图 6.7）。

表 6.9　自主学习能力的时间差异（$n = 25$）

	开始时		第八周		结束时		F	Repeated
	M	SD	M	SD	M	SD	(2, 48)	Contrasts
自主学习能力得分	22.48	8.10	22.72	7.35	24.88	7.20	14.30*	结束时 > 第八周

*$p < 0.05$

1　图上标注的圆圈旨在提示读者读图时需要关注的部分，在正式论文中不需要进行标注。

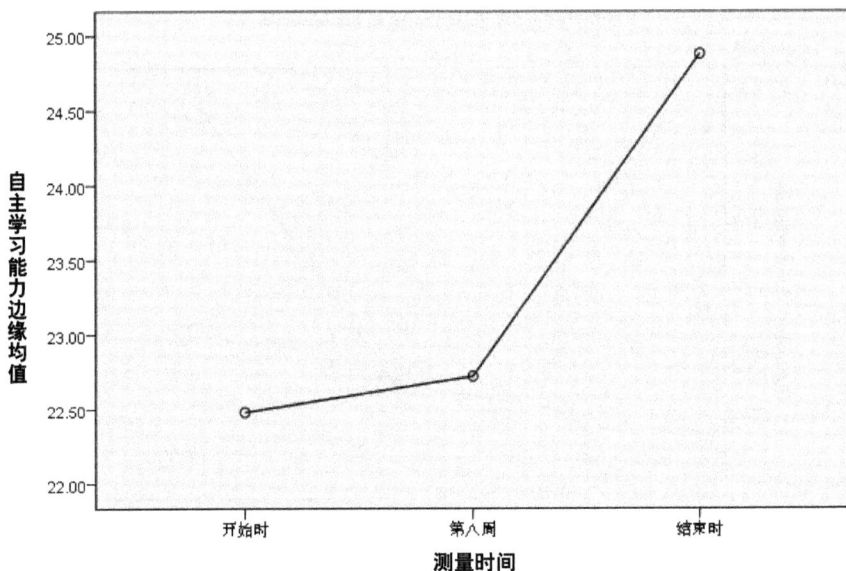

图6.7　自主学习能力的时间变化图

英语示例

Table 6.10 shows that <u>the autonomous learning ability scores of students</u>[1] were significantly different <u>across the time occasions</u> (F (2, 48) = 14.30, p < 0.05). Repeated contrasts tests were conducted to assess <u>which of the time occasions</u> differed from one another. The results indicated that <u>the autonomous learning ability scores</u> were significantly higher <u>at the end of the program</u> than <u>at the 8th week</u> (MD = 2.16). There was not a significant difference in <u>the autonomous learning ability scores at the beginning of the program and at the 8th week</u> (MD = 0.24). Generally speaking, <u>the autonomous learning ability scores increased with the development of the training project</u> (Fig. 6.8).

1　画线部分表示可以被替换：读者可根据自己的检验结果进行套用。若检验结果尚未达到显著水平（p > 0.05），就将 were significantly different 改成 were NOT significantly different，同时省略后续句子。

Table 6.10 Comparison of Autonomous Learning Ability Scores through Time (n = 25)

	Beginning		8th Week		End		F	Repeated
	M	SD	M	SD	M	SD	(2, 48)	Contrasts
Autonomous Learning Ability Scores	22.48	8.10	22.72	7.35	24.88	7.20	14.30*	End > 8th Week

*$p < 0.05$

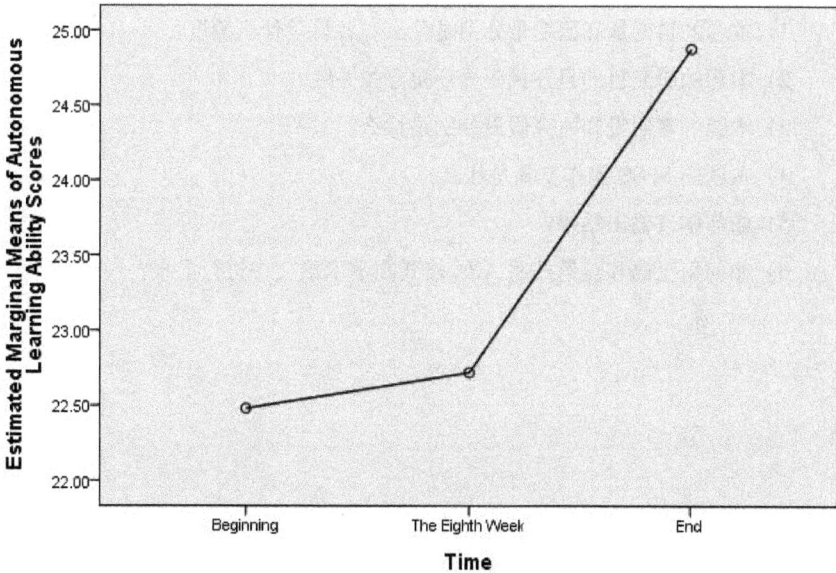

Fig. 6.8 Estimated Marginal Means of Autonomous Learning Ability Scores through Time

练习

一位研究者发现，中国某方言区没有 /l/（边音）这个音位，通常用 /n/ 来代替。他还发现，在当地受过教育的人中，有些人能在日常口语中正确发出 /l/ 音。他想考察边音的使用是否会受教育程度的影响。为此，他从该方言区 2006 年入学的小学生中随机抽取了 22 名进行跟踪调查，采用朗读和会话的形式，重点考察边音的发音：发对给分，发错不给分，满分为 100 分。调查从入学初开始，每隔一个学期进行一次同类测试，到 2012 年这些学生毕业为止，他共进行了六次调查。现在，他要考察这些学生的边音发音是否随教育程度的提高而发生变化。

1) 本题的自变量和因变量分别是什么？各自是什么测度？

2) 本题的研究目的是寻找差异还是寻找关联？

3) 本题的零假设和研究假设分别是什么？

4) 本题的 SPSS 操作步骤是什么？

5) 如何解读输出结果？

6) 如何用汉语和英语按照 APA 格式在学术论文中进行汇报？

第七章　双因素组间方差分析

当因变量是定距变量，自变量有两个，且根据每一自变量水平都将被试分为两个及以上相互独立的组别时，若要比较这些组的平均数是否有显著差异，就要使用双因素组间方差分析。这里所说的因素指的是自变量的个数。假如有两个自变量 A 和 B，A 自变量有两个独立的水平（A1 和 A2），B 自变量有两个独立的水平（B1 和 B2），这就是一个 2×2 的双因素组间方差分析。也就是说，一共有四个相互独立的组：A1B1、A1B2、A2B1、A2B2。

7.1　实例分析

为了考察两种教材（（1）地方编写、（2）全国统编）和两种教学法（（1）自学辅导、（2）传统讲授）对英语成绩的影响，某研究者将 24 名学生随机分为 4 组，每组 6 人。每组只使用一种教材和教学法，即：（1）组使用地方编写教材＋自学辅导法，（2）组使用地方编写教材＋传统讲授法，（3）组使用全国统编教材＋自学辅导法，（4）组使用全国统编教材＋传统讲授法。一个学期后，四组学生参加统一的英语考试（满分为 60 分）。他想考察这两种教材和两种教学方法是否对学生英语成绩有显著影响（表 7.1）。

表 7.1 双因素组间方差分析实例解析

目标	数据要求	实例解析
1. 检验主效应 • 教材对成绩是否有显著影响？ • 教学法对成绩是否有显著影响？ 2. 检验交互效应 • 教材和教学法是否共同作用对成绩产生影响？	因变量是定距数据	英语成绩（分数）
	自变量 1 是两个及以上相互独立的定类或定序数据 自变量 2 也是两个及以上相互独立的定类或定序数据	教材（自变量 1） • 地方编写 • 全国统编 教法（自变量 2） • 自学辅导 • 传统讲授

7.2 研究问题与假设

基于上述实例，我们的研究问题有三个：

研究问题 1：使用不同教材的学生的英语成绩是否存在显著差异？针对这一研究问题可得出以下两种假设：

H_0：$\mu_{地方编写} = \mu_{全国统编}$

H_1：$\mu_{地方编写} \neq \mu_{全国统编}$

研究问题 2：采用不同教学法的学生的英语成绩是否存在显著差异？针对这一研究问题可得出以下两种假设：

H_0：$\mu_{自学辅导} = \mu_{传统讲授}$

H_1：$\mu_{自学辅导} \neq \mu_{传统讲授}$

研究问题 3：使用不同教材及教法的学生的英语成绩是否存在显著差异？针对这一研究问题可得出以下两种假设：

H_0：教材和教法对英语成绩无交互效应

H_1：教材和教法对英语成绩有交互效应

这里虽然有三组零假设，但其本质意义是相同的，即假设各组平均数之间无显著差异，或者两个自变量对因变量无交互作用。我们把显著水平设置为 $\alpha = 0.05$。那么，如果检验结果为 $p \leqslant 0.05$，我们拒绝零假设，接受研究假设；如果 $p > 0.05$，我们不拒绝零假设。

7.3 SPSS 操作步骤

双因素组间方差分析的 SPSS 操作步骤通常需要两次操作才能完成。第一次的目的在于考察主效应和交互效应是否达到显著水平，操作如下：

1. 打开本书光盘中的"例 7.1a.sav"SPSS 数据文件；

2. 点击菜单栏中的 Analyze > General Linear Model > Univariate，打开双因素组间分析主对话框，如下页图 7.1 所示；

3. 将"英语成绩"放入 Dependent Variable 框中；将"教材"和"教学法"放入 Fixed Factor(s) 框中（图 7.1）；

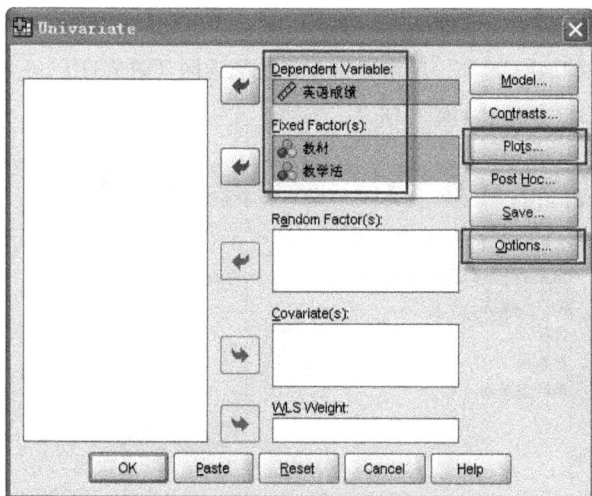

图 7.1 双因素组间方差分析主对话框

4. 点击图 7.1 中的 Plots … 按钮，进入 Univariate: Profile Plots 对话框，将 Factors 框中的"教材"放入右侧 Horizontal Axis 框中，将"教学法"放入 Separate Lines 框中，并点击下方的 Add 按钮，使 Plots 框中出现"教材 * 教学法"，单击 Continue 按钮返回（图 7.2）；

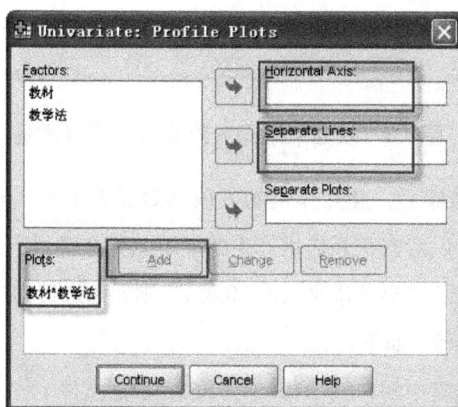

图 7.2 双因素组间方差分析图表对话框

5. 点击图 7.1 中的 Options … 按钮，进入 Univariate: Options 对话框，勾选 Descriptive Statistics 选项，单击 Continue 按钮返回（图 7.3）；

6. 点击图 7.1 中的 OK 按钮。

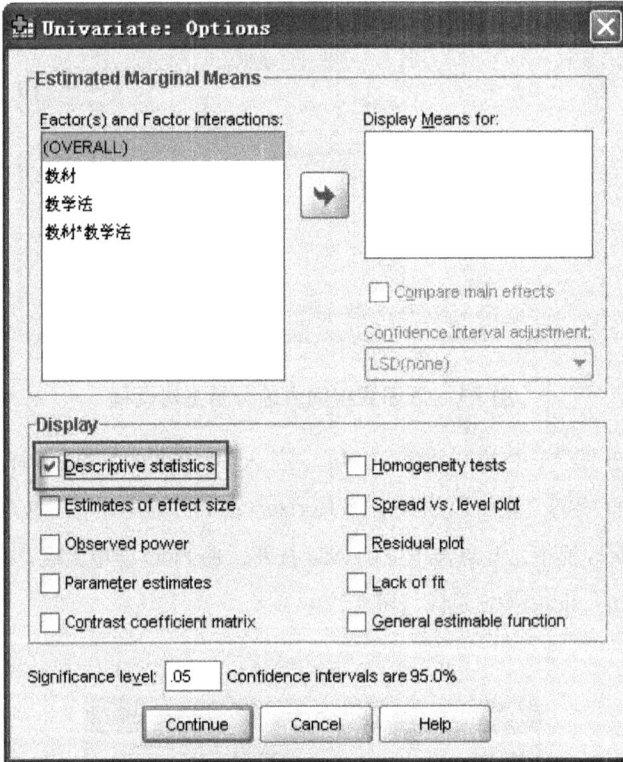

图 7.3　双因素组间方差分析选项对话框

如果第一次操作后，交互作用的 F 值达到显著水平（$p \leqslant 0.05$），则需要进行第二次操作，以考察交互作用产生的显著差异在哪里。如果第一次操作后交互作用的 F 值未达到显著水平（$p > 0.05$），则无需进行第二次操作。

第二次操作步骤[1] 如下：

1. 打开本书光盘中的 "例 7.1b.sav" SPSS 数据文件

2. 点击菜单栏中的 Analyze > Compare Means > One-Way ANOVA，打开 One-Way ANOVA 主对话框；

1　第二次操作之前要增加一个分组变量，具体方法详见附录 B3 中的 "交叉型生成方式"。

3.将"英语成绩"送入 Dependent List，将"交互小组"送入 Factor[1]；

4.点击主对话框中的 Post Hoc … 按钮，进入 One-Way ANOVA: Post Hoc Multiple Comparisons 对话框，勾选 Tukey 和 Tamhane's T2，单击 Continue 按钮返回主对话框；

5.点击主对话框中的 Options … 按钮，进入 One-Way ANOVA: Options 对话框，勾选 Descriptive 和 Homogeneity of variance test，单击 Continue 按钮返回主对话框；

6.点击主对话框中的 OK 按钮。

7.4　SPSS 输出结果解读

按照上述第一阶段操作步骤，双因素组间方差分析共输出四张图表。表 7.2 是因素信息表，汇报了两个因素、他们各自的水平以及每个水平上的人数。这张表格的信息供研究者参考，不需要在论文中汇报出来。

表 7.2 双因素组间方差分析因素信息表

Between-Subjects Factors

		Value Label	N
教材	1.00	地方编写	12
	2.00	全国统编	12
教学法	1.00	自学辅导	12
	2.00	传统讲授	12

表 7.3 是描述统计表，其汇报了四个相互独立的组的人数（N）、平均数（Mean）和标准差（Std. Deviation）。这些数据（方框内部分）需要在论文中进行汇报。这张表格是操作步骤中勾选 Options 对话框中 Descriptive 选项的输出结果，如果未选择该项目，则无法得到这张表格。

1　此处不再给出示意图，详情参见第五章"单因素组间方差分析"SPSS 操作步骤示意图。

表 7.3 双因素组间方差分析描述统计表

Descriptive Statistics

Dependent Variable: 英语成绩

教材	教学法	Mean	Std. Deviation	N
地方编写	自学辅导	24.1667	4.21505	6
	传统讲授	40.8333	7.35980	6
	Total	32.5000	10.41415	12
全国统编	自学辅导	45.8333	5.81091	6
	传统讲授	48.3333	4.27395	6
	Total	47.0833	5.03548	12
Total	自学辅导	35.0000	12.30669	12
	传统讲授	44.5833	6.94731	12
	Total	39.7917	10.93053	24

　　表 7.4 是方差分析检验表。该表汇报了重要的方差分析结果：F 值（F）、自由度（df）和显著性（Sig. (2-tailed)）。在读取这张表时，首先看教材和教学法的交互作用检验结果的显著性（即 Sig. 值）（即"教材 * 教学法"一行）：如果该值小于或等于 0.05，说明两个自变量对因变量的交互作用达到显著水平；如果该值大于 0.05，说明该交互作用没有达到显著水平。这些信息（表 7.4 方框内部分）需要在论文中汇报。此后，再关注教材和教学法对因变量的主效应（即"教材"和"教学法"两行）：如果该值小于或等于 0.05，说明相应自变量对因变量的主效应达到显著水平；如果该值大于 0.05，说明该主效应没有达到显著水平。这些信息（表 7.4 方框内部分）需要在论文中汇报。一般说来，在双因素组间方差分析时，研究者更关注交互效应。当交互效应达到显著水平时，通常不再单独考察自变量的主效应。如果交互效应不显著，则重点考察主效应。

　　第四部分是双因素交互作用图（图 7.4）。该图的横坐标是教材变量的两个水平（地方编写和全国统编），纵坐标是因变量的边缘平均数估计值，图内的两条线表示教学法变量的两个水平（自学辅导和传统讲授）。由于两条线明显不平行，说明两个自变量对因变量有交互作用，表 7.4 中的交互作用统计结果也证实了这一点。这张图能够让研究者更清楚地看出变量之间的关系，因此经常代替数字表格被放在学术论文里。这张图是操作过程中在 Univariate: Profile Plots 对话框中进行相关操作之后输出的，若不进行该操作，则无法得到该图。

表 7.4　双因素组间方差分析检验表

Tests of Between-Subjects Effects

Dependent Variable: 英语成绩

Source	Type III Sum of Squares	df	Mean Square	F	Sig.
Corrected Model	2128.125[a]	3	709.375	22.889	.000
Intercept	38001.042	1	38001.042	1226.170	.000
教材	1276.042	1	1276.042	41.174	.000
教学法	551.042	1	551.042	17.780	.000
教材 * 教学法	301.042	1	301.042	9.714	.005
Error	619.833	20	30.992		
Total	40749.000	24			
Corrected Total	2747.958	23			

a. R Squared = .774 (Adjusted R Squared = .741)

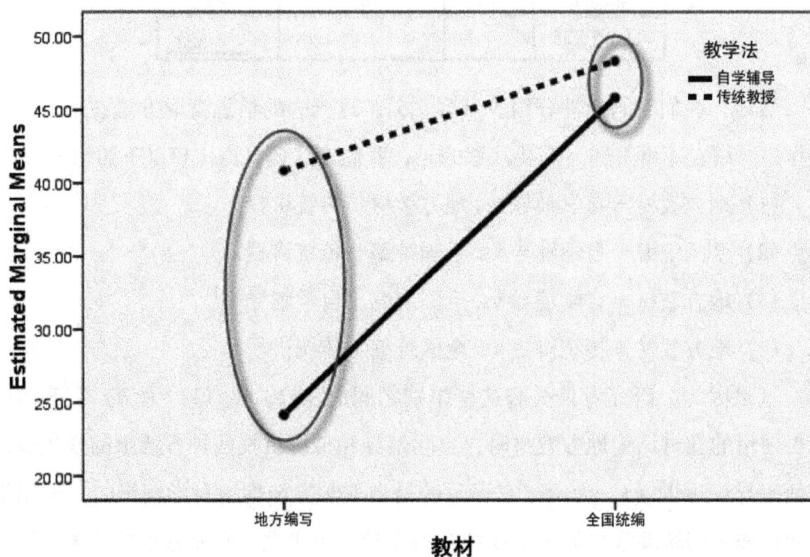

Estimated Marginal Means of 英语成绩

图 7.4　双因素交互作用图

由于交互效应显著（参见表7.4），因而需要进行第二次操作，寻找显著的交互作用在哪里。这被称为简单效应检验。对简单效应进行检验有不同的方法，常用的是通过 SPSS 句法编辑器编辑程序语句进行检验。但这种方法较为复杂，本书提供一种相对便捷等效的检验方法——单因素组间方差分析。

进行简单效应检验的单因素组间方差分析与第五章的实验原理和操作步骤是相同的。不同之处在于，事先要对原有数据进行重新分组[1]，用新分出来的组作为分类变量进行方差分析。由于第二次操作后输出的表格与第五章中的极为相似，本章仅选用与本案例有关的表格进行解读。

首先，我们看方差齐性检验表（表7.5）。方差齐性检验结果不显著（$p > 0.05$），说明各组方差满足齐性假设，应读取事后检验表中的 Tukey HSD 部分的多组比较数据。

表 7.5 单因素组间方差分析方差齐性检验表

Tests of Homogeneity of Variances

英语成绩

Levene Statistic	df1	df2	Sig.
1.238	3	20	.322

然后，我们看同质性分组表（表7.6）。这张表的信息读取方法在第五章已经作过介绍，不再赘述。需要注意的是，我们在这里只需比较以下四组即可：

（1）地方教材 + 自学辅导 vs. 地方教材 + 传统讲授

（2）全国统编 + 自学辅导 vs. 全国统编 + 传统讲授

（3）地方教材 + 自学辅导 vs. 全国统编 + 自学辅导

（4）地方教材 + 传统讲授 vs. 全国统编 + 传统讲授

这是因为，研究者只关心这些组别之间的差异。以（1）为例，它表示的是当使用的教材均为地方教材时，自学辅导和传统讲授两种方法下的学生成绩有何差异；再以（3）为例，它表示的是当教学方法均为自学辅导时，使用地方教材和全国统编教材的学生成绩有何差异。事实上，研究者不需要关注以上全部四组，而只需关注自己感兴趣的组。如果研究者很想考察教学法对成绩的

1　具体方法详见附录 B3 中的"交叉型生成方式"。

影响，则关注（1）、（2）两组即可，因为这两组是在教材因素保持不变的情况下考察两种教学方法的作用。如果研究者更想考察教材对成绩的影响，则关注（3）、（4）两组即可，因为这两组是在教学法因素保持不变情况下考察两种教材的作用。

表 7.6　单因素组间方差分析同质性分组表

英语成绩

	交互小组	N	Subset for alpha = 0.05	
			1	2
Tukey HSD[a]	地方教材 + 自学辅导	6	24.1667	
	地方教材 + 传统讲授	6		40.8333
	全国统编 + 自学辅导	6		45.8333
	全国统编 + 传统讲授	6		48.3333
	Sig.		1.000	.124

Means for groups in homogeneous subsets are displayed.

a. Uses Harmonic Mean Sample Size = 6.000.

通过表 7.6 的信息，我们可知上述四组的均值比较显著性结果如下：

（1）地方教材 + 自学辅导 vs. 地方教材 + 传统讲授（差异显著，$p < 0.05$）

（2）全国统编 + 自学辅导 vs. 全国统编 + 传统讲授（差异不显著，$p > 0.05$）

（3）地方教材 + 自学辅导 vs. 全国统编 + 自学辅导（差异显著，$p < 0.05$）

（4）地方教材 + 传统讲授 vs. 全国统编 + 传统讲授（差异不显著，$p > 0.05$）

也就是说，对于使用地方教材的学生而言，传统讲授法的教学效果显著高于自学辅导法（$MD = 41 - 24 = 17$，$p < 0.05$）；对于使用全国统编教材的学生而言，两种教学法的效果无显著差异（$MD = 48 - 46 = 2$，$p > 0.05$）。对于采用自学辅导法的学生而言，全国统编教材的效果显著高于地方教材（$MD = 46 - 24 = 22$，$p < 0.05$）；对于采用传统讲授法的学生而言，两种教材的教学效果无显著差异（$MD = 48 - 41 = 7$，$p > 0.05$）。

7.5 APA 学术论文结果汇报示例

汉语示例

双因素组间方差分析结果显示，教材和教学法对学生英语成绩的主效应显著（$F_{(1, 20)} = 47.174$，$p < 0.05$；$F_{(1, 20)} = 17.780$，$p < 0.05$）：使用全国统编教材的学生英语成绩显著高于使用地方教材的学生；使用传统讲授法的学生英语成绩显著高于使用自学辅导法的学生（表 7.7）。此外，教材和教学法对学生英语成绩的交互作用显著（$F_{(1, 20)} = 9.714$，$p < 0.05$）。简单效应检验结果显示（图 7.5），对使用地方教材的学生来说，传统讲授法的教学效果显著高于自

表 7.7 英语成绩描述统计表

	地方教材 (*n* = 12)				全国统编 (*n* = 12)			
	自学辅导 (*n* = 6)		传统讲授 (*n* = 6)		自学辅导 (*n* = 6)		传统讲授 (*n* = 6)	
	M	*SD*	*M*	*SD*	*M*	*SD*	*M*	*SD*
英语成绩	24.17	4.22	40.83	7.36	45.83	5.81	48.33	4.27

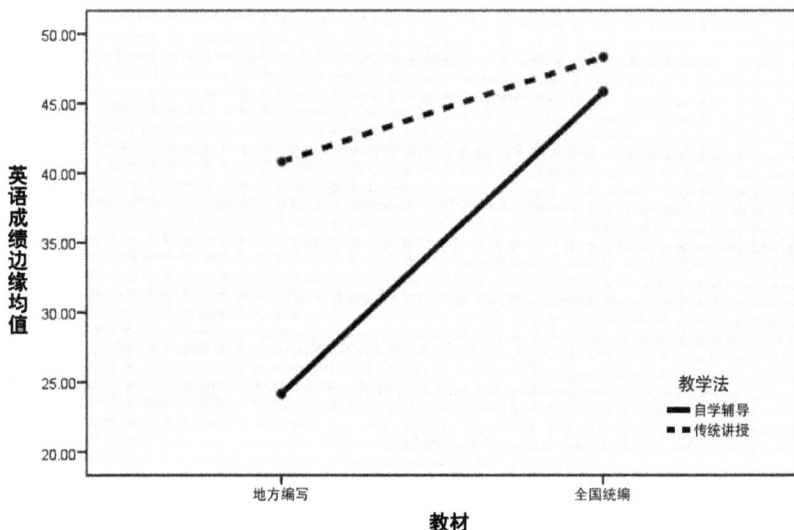

图 7.5 教材和教学法对英语成绩的交互作用

学辅导法（$MD = 17$，$p < 0.05$）；对于使用全国统编教材的学生而言，两种教学法的效果无显著差异（$MD = 2$，$p > 0.05$）。对于采用自学辅导法的学生而言，全国统编教材的效果显著高于地方教材（$MD = 22$，$p < 0.05$）；对于采用传统讲授法的学生而言，两种教材的教学效果无显著差异（$MD = 7$，$p > 0.05$）。总体看来，使用全国统编教材并采用传统讲授法的学生英语成绩显著高于其他各组。

英语示例

A 2×2[1] between-subjects ANOVA was conducted with _English achievements_ as the dependent variable and _textbooks_ (local/national) and _teaching methodology_ (self-studying/lecturing) as the independent variables (Table 7.8). The results indicated that there was a significant main effect for _textbooks_ ($F(1, 20) = 47.174$, $p < 0.05$), with those using national textbooks presenting significantly more English achievements than that of those using local textbooks. There was also a significant main effect for teaching methodology ($F(1, 20) = 17.780$, $p < 0.05$), with those in lecturing presenting significantly more English achievements than that of those in self-studying. There was also a significant textbooks and teaching methodology interaction ($F(1, 20) = 9.714$, $p < 0.05$). For those using local textbooks, there was significant difference in English achievements between lecturing and self-studying ($MD = 17$, $p < 0.05$), while for those using national textbooks, there was no significant difference in English achievements between the two teaching methodologies ($MD = 2$, $p > 0.05$). For those in self-studying teaching methodology, there was significant difference in English achievements between local and national textbooks ($MD = 22$, $p < 0.05$), while for those in lecturing teaching methodology, there was no significant difference in English achievements between local and national textbooks ($MD = 7$, $p > 0.05$). Overall, the participants who received the combined effect of national textbook and lecturing methodology presented substantially more English achievements than those under other conditions (Fig. 7.6).

---

1 画线部分表示可以被替换：读者可根据自己的检验结果进行套用。

Table 7.8 Descriptive Statistics of English Achievements

	Local Textbooks (n = 12)				National Textbooks (n = 12)			
	Self-studying (n = 6)		Lecturing (n = 6)		Self-studying (n = 6)		Lecturing (n = 6)	
	M	SD	M	SD	M	SD	M	SD
English Achievements	24.17	4.22	40.83	7.36	45.83	5.81	48.33	4.27

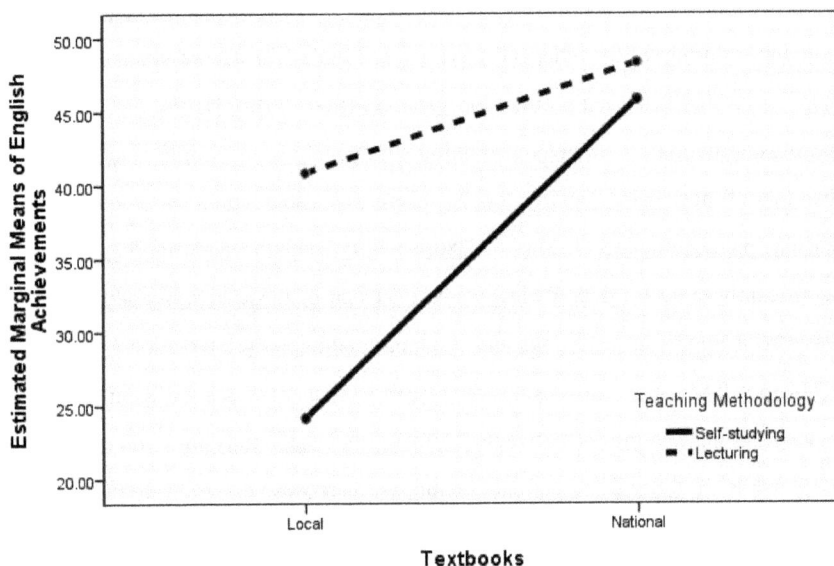

Fig. 7.6 The Textbook and Teaching Methodology Interaction on English Achievements

练习

一位研究者想考察主题熟悉程度和生词密度对学生英语阅读成绩的影响。主题熟悉程度分为熟悉和不熟悉两个水平，生词密度分为低密度、中密度和高密度三个水平。因此，这是一个 2×3 的双因素组间设计。他随机抽取了 24 名非英语专业大一新生，将他们随机分为 6 组，每组 4 人。每个组只接受一种组合的阅读测试（如第一组接受了熟悉主题低密度生词的测试，第二组接受了熟悉主题中密度生词的测试，以此类推）。阅读测试满分为 15 分。现要考察主题熟悉程度和生词密度对学生阅读成绩是否有显著影响。（请使用数据文件"练 7.1a.sav"和"练 7.1b.sav"。）

1）本题的自变量和因变量分别是什么？各自是什么测度？

2）本题的研究目的是寻找差异还是寻找关联？

3）本题的零假设和研究假设分别是什么？

4）本题的 SPSS 操作步骤是什么？

5）如何解读输出结果？

6）如何用汉语和英语按照 APA 格式在学术论文中进行汇报？

第八章　相关分析

第三章到第七章介绍的是寻找差异的假设检验方法。接下来的三章主要讨论寻找关联的假设检验方法。本章介绍相关分析，它是用来度量两个变量之间的线性相关程度的。这个程度用相关系数表示。从方向上看，当一个变量增大，另一个变量也增大时，我们称之为正相关，相关系数为正数；当一个变量增大，另一个变量减小时，我们称之为负相关，相关系数为负数。从强度上看，当相关系数的绝对值在 0.7 以上时，我们称之为高相关；当相关系数的绝对值低于 0.3 时，我们称之为低相关；相关系数介于 0.3 到 0.7 之间，我们称之为中等相关。但这一标准不是绝对的。相关系数通常在 ±1 之间，越接近 +1 或者越接近 −1，就表示两个变量的关联程度越高；如果相关系数为 0，则表明两个变量之间不相关。

相关分析有不同种类，这是由变量类型决定的。当两个变量均为定距变量时，我们使用皮尔逊 r 相关。当两个变量均为定序变量时，我们使用肯德尔 τ 相关或斯皮尔曼 ρ 相关。当一个变量是定距变量，另一个变量是定序变量时，或当两个定距变量不满足正态分布时，我们使用斯皮尔曼 ρ 相关。本章将用三个典型实例讲解上述三种相关分析。当两个变量均为定类变量时，我们通常使用卡方检验考察它们之间的关系。对这一方法的介绍详见第十章。

8.1　实例分析——皮尔逊 r 相关

为了考察语音、语法和听写成绩三者的关系，某研究者收集了 12 名学生的语音成绩、语法成绩和听写成绩。三组成绩满分均为 50 分。他想考察这三者之间是否具有显著的相关关系（表 8.1）。

表 8.1　皮尔逊 r 相关分析实例解析

目标	数据要求	实例解析
检验变量间的线性相关程度	变量均为定距数据	变量 1：语音成绩 变量 2：语法成绩 变量 3：听写成绩

8.2 研究问题与假设——皮尔逊 r 相关

基于上述实例，我们的研究问题是：学生的语音、语法和听写成绩是否存在显著相关关系？针对这一研究问题可得出以下两种假设：

H_0：$\rho = 0$

H_1：$\rho \neq 0$

这里的 ρ 是表示相关系数的总体符号。零假设的意思是假定所有项目间的相关系数均为零。我们把显著水平设置为 $\alpha = 0.05$。那么，如果检验结果为 $p \leqslant 0.05$，我们拒绝零假设，接受研究假设；如果 $p > 0.05$，我们不拒绝零假设。

8.3 SPSS 操作步骤——皮尔逊 r 相关

皮尔逊 r 相关分析的 SPSS 操作步骤如下：

1. 打开本书光盘中的"例 8.1.sav"SPSS 数据文件；

2. 点击菜单栏中的 Analyze > Correlate > Bivariate ...，打开皮尔逊 r 相关对话框（图 8.1）；

3. 同时选中左框中的所有变量（先单击"语音成绩"，按住 Shift 键，再单击"听写成绩"），点击中间向右箭头，将其放入 Variables 框中（图 8.1）；

4. 在 Pearson 前的小方框内打"√"（系统默认此项，首次打开该对话框时，此项已经被选中）（图 8.1）；

5. 点击 OK 按钮。

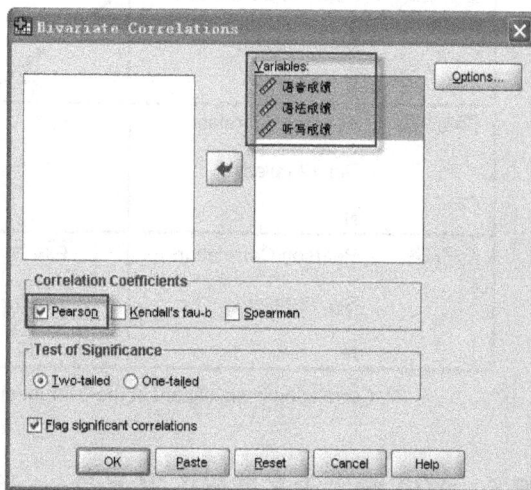

图 8.1 皮尔逊 r 相关分析对话框

8.4 SPSS 输出结果解读——皮尔逊 *r* 相关

按照上述操作步骤，皮尔逊 *r* 相关分析只输出一张表格（表 8.2）。这张表汇报了每两个变量之间的皮尔逊 *r* 相关系数（Pearson Correlation）、显著性（Sig. (2-tailed)）和样本量（N）。读这张表的方法是沿着左上到右下的对角线（对角线上的数字均为 1）将表格分为右上部和左下部。读者可以选择其中任何一个部分来读取信息，另一个部分不必再读，因为两个部分给出的信息是相同的。若读该表的左下部分，那么可知"语音成绩"和"语法成绩"的皮尔逊 *r* 相关系数（$r = 0.916$，$p < 0.05$），"语音成绩"和"听写成绩"的皮尔逊 *r* 相关系数（$r = 0.934$，$p < 0.05$）以及"语法成绩"和"听写成绩"的皮尔逊 *r* 相关系数（$r = 0.919$，$p < 0.05$）。这些系数表明，语音、语法和听写成绩两两之间均存在显著的高度正相关关系，说明语音、语法成绩高的学生听写成绩也高。

表 8.2 皮尔逊 *r* 相关分析表

Correlations

		语音成绩	语法成绩	听写成绩
语音成绩	Pearson Correlation	1	.916**	.934**
	Sig. (2-tailed)		.000	.000
	N	12	12	12
语法成绩	Pearson Correlation	.916**	1	.919**
	Sig. (2-tailed)	.000		.000
	N	12	12	12
听写成绩	Pearson Correlation	.934**	.919**	1
	Sig. (2-tailed)	.000	.000	
	N	12	12	12

**. Correlation is significant at the 0.01 level (2-tailed).

8.5 APA 学术论文结果汇报示例——皮尔逊 *r* 相关

汉语示例

皮尔逊 *r* 相关分析结果显示，语音、语法和听写成绩之间存在显著的高度正相关关系（$r_{语音-语法} = 0.916$，$p < 0.05$；$r_{语音-听写} = 0.934$，$p < 0.05$；$r_{语法-听写} = 0.919$，$p < 0.05$）。

英语示例

There is a significant high positive relationship among pronunciation, grammar and dictation scores ($r_{\text{pronunciation-grammar}} = 0.916$, $p < 0.05$; $r_{\text{pronunciation-dictation}} = 0.934$, $p < 0.05$; $r_{\text{grammar-dictation}} = 0.919$, $p < 0.05$).

8.6　实例分析——肯德尔 τ 相关

某高校英语专业为考察大一新生的潜在能力和英语自学能力之间的关系，在新生中随机抽取了 10 名学生进行测评，并得到了他们的潜在能力名次和英语自学能力等级。该系想考察学生潜在能力和英语自学能力之间是否存在显著关联（表 8.3）。

表 8.3 肯德尔 τ 相关分析实例解析

目标	数据要求	实例解析
检验变量间的线性相关程度	变量均为定序数据	变量 1：潜在能力名次 变量 2：英语自学能力等级

8.7　研究问题与假设——肯德尔 τ 相关

基于上述实例，我们的研究问题是：学生的潜在学习能力与英语自学能力之间是否具有显著相关关系？

针对这一研究问题，我们可以得出以下两种假设：

H_0：$\rho = 0$

H_1：$\rho \neq 0$

这里的 ρ 代表总体相关系数。零假设是两变量之间的相关系数为零，研究假设是两变量之间的相关系数不为零。我们把显著水平设置为 $\alpha = 0.05$。那么，

如果检验结果为 $p \leqslant 0.05$，我们拒绝零假设，接受研究假设；如果 $p > 0.05$，我们不拒绝零假设。

8.8　SPSS 操作步骤——肯德尔 τ 相关

肯德尔 τ 相关分析的 SPSS 操作步骤如下：

1. 打开本书光盘中的"例 8.2.sav"SPSS 数据文件；

2. 点击菜单栏中的 Analyze > Correlate > Bivariate …，打开肯德尔 τ 相关分析对话框（图 8.2）；

3. 同时选中左框中的所有变量（先单击"潜在能力名次"，按住 Shift 键，再单击"英语自学能力等级"），点击中间向右箭头，将其移入 Variables 框内（图 8.2）；

4. 去除 Pearson 前小方框里的"√"，在 Kendall's tau-b 前的小方框里打"√"（图 8.2）；

5. 点击 OK 按钮。

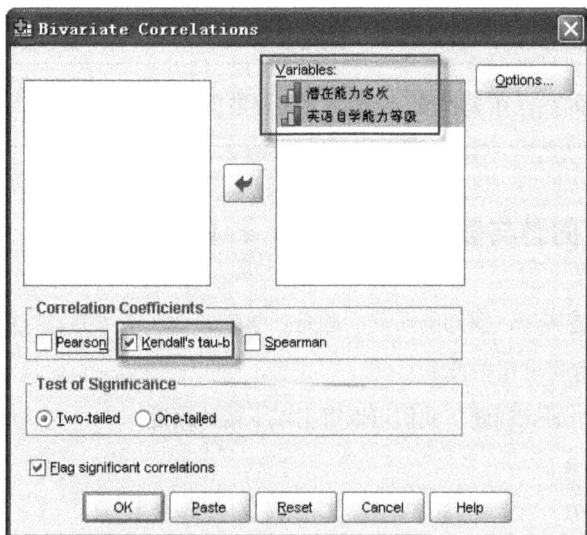

图 8.2　肯德尔 τ 相关分析对话框

8.9　SPSS 输出结果解读——肯德尔 τ 相关

肯德尔 τ 相关分析只输出一张表格（表 8.4）。这张表的基本结构与表 8.2 相同，读表时只需沿着对角线选择右上或者左下的部分获取信息。从该表可以看出，潜在能力名次与英语自学能力等级的相关系数为 $\tau = 0.887$，$p < 0.05$。这表明两个等级变量具有显著的高度正相关关系：潜在能力较强的学生英语自学能力也较强。

表 8.4 肯德尔 τ 相关分析表

Correlations

			潜在能力名次	英语自学能力等级
Kendall's tau_b	潜在能力名次	Correlation Coefficient	1.000	.887**
		Sig. (2-tailed)		.000
		N	10	10
	英语自学能力等级	Correlation Coefficient	.887**	1.000
		Sig. (2-tailed)	.000	
		N	10	10

**. Correlation is significant at the 0.01 level (2-tailed).

8.10　APA 学术论文结果汇报示例——肯德尔 τ 相关

汉语示例

肯德尔 τ 相关分析结果显示，学生的潜在能力与英语自学能力之间存在显著的高度正相关关系（$\tau = 0.887$，$p < 0.05$）。

英语示例

There is a significant high positive relationship between students' study potential and their self-learning ability of English ($\tau = 0.887$, $p < 0.05$).

8.11 实例分析——斯皮尔曼 ρ 相关

某研究者设计了一份调查问卷，其中一个维度是"专业学习动机"，即对自己所学专业的喜好程度和学习动力。预测时，他共设计了五个题目来测量这个维度，即专业学习动机1—5。这五个题目均采用李克特五点量表的形式，1表示"非常不同意"，2表示"不同意"，3表示"不确定"，4表示"同意"，5表示"非常同意"。他用这五个题目对297名被试进行了测量，之后用这五个题目的平均分代表每个被试的"专业学习动机"。这名研究者想考察"专业学习动机"维度下的五个题目中哪些题目和该维度的平均分之间关联更显著（表8.5）。

表 8.5 斯皮尔曼 ρ 相关分析实例解析

目标	数据要求	实例解析
检验变量间的线性相关程度	一个（组）变量为定序数据	变量1： 专业学习动机第1题 专业学习动机第2题 专业学习动机第3题 专业学习动机第4题 专业学习动机第5题
	另一个（组）变量为定距数据	变量2：专业学习动机平均分

8.12 研究问题与假设——斯皮尔曼 ρ 相关

基于上述实例，我们的研究问题是：专业学习动机1—5题与专业学习动机平均分之间是否具有显著相关关系？

针对这一研究问题，我们可以得出以下两种假设：

H_0：$\rho = 0$

H_1：$\rho \neq 0$

这里的 ρ 代表总体相关系数。零假设是变量之间的相关系数为零，研究假设是变量之间的相关系数不为零。我们把显著水平设置为 $\alpha = 0.05$。那么，如果检验结果为 $p \leqslant 0.05$，我们拒绝零假设，接受研究假设；如果 $p > 0.05$，我们不拒绝零假设。

8.13 SPSS 操作步骤——斯皮尔曼 ρ 相关

斯皮尔曼 ρ 相关分析的 SPSS 操作步骤如下：

1. 打开本书光盘中的"例 8.3.sav"SPSS 数据文件；

2. 点击菜单栏中的 Analyze > Correlate > Bivariate ...，打开斯皮尔曼 ρ 相关分析对话框（图 8.3）；

2. 同时选中左框中所有变量（先单击"专业学习动机 1"，按住 Shift 键，再单击"专业学习动机平均分"），点击中间向右箭头，将其移入 Variables 框内（图 8.3）；

3. 去除 Pearson 前小方框里的"√"，在 Spearman 前的小方框里打"√"（图 8.3）；

4. 点击 OK 按钮。

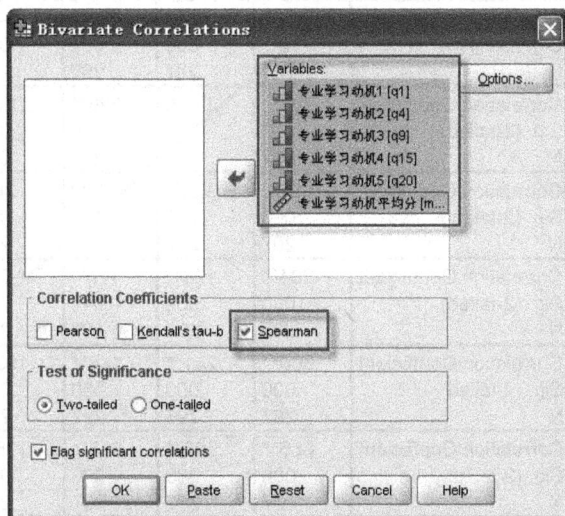

图 8.3 斯皮尔曼 ρ 相关分析对话框

8.14 SPSS 输出结果解读——斯皮尔曼 ρ 相关

斯皮尔曼 ρ 相关分析只输出一张表格（表 8.6）。这张表的基本结构与表 8.2

相同，读表时只需沿着对角线选择右上或者左下的部分获取信息。从该表可以看出，用来测量"专业学习动机"维度的五个题目与该维度的平均分之间均存在显著的相关关系（$p < 0.05$），其中第 1、3、5 题与维度平均分之间具有高度正相关关系，相关系数依次为 $\rho = 0.886$，$\rho = 0.815$，$\rho = 0.868$；第 2、4 题与维度平均分之间具有低度正相关关系，相关系数分别为 $\rho = 0.306$，$\rho = 0.195$。虽然五个题目与维度平均分的相关系数均达到了显著水平，但其中三个题目（第 1、3、5 题）的测量效果更好，另外两个题目（第 2、4 题）的测量效果不好，可以考虑在正式进行问卷调查时将这两个题目删除。

表 8.6 斯皮尔曼 ρ 相关分析表

Correlations

			专业学习动机 1	专业学习动机 2	专业学习动机 3	专业学习动机 4	专业学习动机 5	专业学习动机平均分
Spearman's rho	专业学习动机 1	Correlation Coefficient	1.000	.234**	.621**	.204**	.660**	.886**
		Sig. (2-tailed)		.000	.000	.000	.000	.000
		N	297	297	297	297	297	297
	专业学习动机 2	Correlation Coefficient	.234**	1.000	.326**	.124**	.241**	.306**
		Sig. (2-tailed)	.000		.000	.032	.000	.000
		N	297	297	297	297	297	297
	专业学习动机 3	Correlation Coefficient	.621**	.326**	1.000	.117*	.544**	.815**
		Sig. (2-tailed)	.000	.000		.044	.000	.000
		N	297	297	297	297	297	297
	专业学习动机 4	Correlation Coefficient	.204**	.124**	.117**	1.000	.193**	.195**
		Sig. (2-tailed)	.000	.032	.044		.001	.001
		N	297	297	297	297	297	297
	专业学习动机 5	Correlation Coefficient	.660**	.241**	.544**	.193**	1.000	.868**
		Sig. (2-tailed)	.000	.000	.000	.001		.000
		N	297	297	297	297	297	297
	专业学习动机平均分	Correlation Coefficient	.886**	.306**	.815**	.195**	.868**	1.000
		Sig. (2-tailed)	.000	.000	.000	.001	.000	
		N	297	297	297	297	297	297

**. Correlation is significant at the 0.01 level (2-tailed).

*. Correlation is significant at the 0.05 level (2-tailed).

此外，表 8.6 还给出了专业学习动机 1—5 题中每两个题目间的相关系数。这些相关系数表示的是定序变量之间的相关关系。这些系数与本例中的研究问题无关，故在结果汇报时不需要提及这些信息。但我们可以利用这些信息，核查我们在上文得出的有关第 2 题和第 4 题与维度平均分关联不高的结论。在表格第一行找到"专业学习动机 2"和"专业学习动机 4",沿着各自的列向下看,就会发现,这两个题目与其他题目的相关系数均为低度相关。这再次证明这两个题目与这个维度的关系不密切。

8.15　APA 学术论文结果汇报示例——斯皮尔曼 ρ 相关

汉语示例

斯皮尔曼 ρ 相关分析结果显示,专业学习动机 1—5 题与维度平均分之间皆存在显著的正相关关系 ($p < 0.05$)。其中,第 1、3、5 题与维度平均分之间是高度相关,相关系数依次为 $\rho = 0.886$,$\rho = 0.815$,$\rho = 0.868$;第 2、4 题与维度平均分之间是低度相关,相关系数分别为 $\rho = 0.306$,$\rho = 0.195$。

英语示例

There is a significant positive relationship between the five items and the mean of the category of subject-learning motivation ($p < 0.05$), among which items 1, 3, 5 are highly correlated with the mean score with the following coefficients respectively, $\rho = 0.886$, $\rho = 0.815$, and $\rho = 0.868$, while items 2 and 4 are lowly correlated with the mean score with the following coefficients respectively, $\rho = 0.306$, and $\rho = 0.195$.

练习

1. 某校英语系大四毕业班教师统计了该班 37 名同学四年来的基础课成绩、专业课成绩和实习成绩。三项成绩皆为百分制。他想考察这三种课程之间是否具有显著的关联。(请使用数据文件"练 8.1.sav"。)

   1) 本题的变量有哪些?各是什么测度?

   2) 本题的研究目的是寻找差异还是寻找关联?

   3) 本题的零假设和研究假设分别是什么?

   4) 本题的 SPSS 操作步骤是什么?

5) 如何解读输出结果？

6) 如何用汉语和英语按照 APA 格式在学术论文中进行汇报？

2. 某校英语系对口语课进行改革，拟选用教师和学生都感兴趣的话题为纲组织教学。为此，全体大一新生（96 人）和全体口语教师（5 人）为备选的10 个话题评定等级：共分 1—9 级，1 级为非常不感兴趣，9 级为非常感兴趣。之后，系里统计了学生评定的平均等级和教师评定的平均等级。该系领导想考察学生和教师为话题评定的平均等级之间是否具有显著关联。（请使用数据文件"练 8.2.sav"。）

1) 本题的变量有哪些？各是什么测度？

2) 本题的研究目的是寻找差异还是寻找关联？

3) 本题的零假设和研究假设分别是什么？

4) 本题的 SPSS 操作步骤是什么？

5) 如何解读输出结果？

6) 如何用汉语和英语按照 APA 格式在学术论文中进行汇报？

3. 某研究者设计了一份调查问卷，其中一个维度是学生"自评英语技能"，即学生对自己英语听、说、读、写能力的评价。预测时，他共设计了四个题目来测量这个维度，即自评英语技能 1—4。这四个题目均采用李克特五点量表的形式，1 表示"非常不同意"，2 表示"不同意"，3 表示"不确定"，4 表示"同意"，5 表示"非常同意"。他测量了 297 名被试，之后用这四个题目的平均分代表每个被试的"自评英语技能"。这名研究者想考察"自评英语技能"维度下的四个题目中哪些题目和该维度的平均分之间关联更显著。（请使用数据文件"练 8.3.sav"。）

1) 本题的变量有哪些？各是什么测度？

2) 本题的研究目的是寻找差异还是寻找关联？

3) 本题的零假设和研究假设分别是什么？

4) 本题的 SPSS 操作步骤是什么？

5) 如何解读输出结果？

6) 如何用汉语和英语按照 APA 格式在学术论文中进行汇报？

第九章　多元线性回归

回归分析是通过一个或多个自变量对因变量进行解释和预测的统计分析方法。它与相关分析既有联系又有区别：相关分析不区分自变量和因变量，只讨论变量间的共变强度和方向；回归分析区分自变量（预测变量）和因变量（结果变量），在一定的共变关系基础上讨论自变量对因变量的解释和预测能力。可以说，相关分析是回归分析的基础，回归分析是相关分析的拓展。回归分析的解释和预测功能是通过回归方程实现的，因此回归分析的主要任务是确定回归方程，即确定方程中的常数项和回归系数，使其具有预测功能，并考察这种预测功能的高低。

回归分析有不同的种类。从变量间的趋势上看，有线性回归（变量间呈直线关系）和曲线回归（变量间呈曲线关系）之分。从自变量的个数上看，有一元回归（只有一个自变量）和多元回归（具有多个自变量）之分。从因变量的性质上看，多数回归分析使用定距数据作为因变量，但有些回归分析的因变量是二分或多分的定类变量。这时需要使用逻辑斯蒂回归。曲线回归和逻辑斯蒂回归的原理和计算都非常繁琐，在第二语言研究中应用极少，因此，本书不涉及这些内容。一元回归仅用一个自变量预测因变量，与第二语言研究错综复杂的实际情况不符，本书也将不予讨论。本章主要介绍的是应用语言学研究中更为实用的多元线性回归。

9.1　实例分析

为了考察学生对双语教学的态度，某研究者使用李克特五点量表问卷，调查了297名学生的英语学习"个人发展动机"（3个题项）、"信息媒介动机"（3个题项）、"内在兴趣动机"（3个题项）、双语课"专业知识收获"（6个题项）、"英语学习收获"（6个题项）和"双语教学态度"（9个题项）这六个维度的信息。在进行数据分析时，研究者使用各维度的平均分表示相应维度的得分。他想考察英语学习"个人发展动机"等五个维度能否显著地预测（解释）学生"双语教学态度"这一维度（表9.1）。

表 9.1　多元线性回归分析实例解析

目标	数据要求	实例解析
检验两个及以上变量对另一变量的预测程度	因变量为定距数据	双语教学态度
	自变量为定距、定序或者定类数据	个人发展动机 信息媒介动机 内在兴趣动机 专业知识收获 英语学习收获

9.2　研究问题与假设

基于上述实例，我们的研究问题是：学生英语学习个人发展动机、信息媒介动机、内在兴趣动机、双语教学专业知识收获和英语学习收获各自能否有效预测学生的双语教学态度？上述五个自变量的整体组合能否有效解释学生的双语教学态度？针对这一研究问题可得出以下假设：

H_{01}：$\beta_{个人发展动机} = 0$　　　　H_{11}：$\beta_{个人发展动机} \neq 0$

H_{02}：$\beta_{信息媒介动机} = 0$　　　　H_{12}：$\beta_{信息媒介动机} \neq 0$

H_{03}：$\beta_{内在兴趣动机} = 0$　　　　H_{13}：$\beta_{内在兴趣动机} \neq 0$

H_{04}：$\beta_{专业知识收获} = 0$　　　　H_{14}：$\beta_{专业知识收获} \neq 0$

H_{05}：$\beta_{英语学习收获} = 0$　　　　H_{15}：$\beta_{英语学习收获} \neq 0$

H_{06}：$R^2 = 0$　　　　　　　　H_{16}：$R^2 \neq 0$

这里的 β^1 是代表每个自变量对因变量的回归系数的总体符号。H_{01} 到 H_{05} 这些零假设的意思是假定每个自变量对因变量的回归系数均为零，即自变量不能显著地预测因变量。R^2 用来衡量全部自变量对因变量的预测总量，因此 H_{06} 这个零假设的意思是全部自变量的组合对因变量的预测总量为零。我们把显著水平设置为 $\alpha = 0.05$。那么，如果检验结果为 $p \leqslant 0.05$，我们拒绝零假设，接受研究假设；如果 $p > 0.05$，我们不拒绝零假设。

根据本例研究问题，回归方程原型应为：

$$Y = a + b_1X_1 + b_2X_2 + b_3X_3 + b_4X_4 + b_5X_5$$

1　读作 beta，是希腊字母表中的第二个字母。

方程中的 Y 即因变量——双语教学态度，a 为常数项，X_1 到 X_5 依次表示学生英语学习个人发展动机、信息媒介动机、内在兴趣动机、双语教学专业知识收获和英语学习收获这五个自变量，b_1 到 b_5 依次表示这些自变量对因变量的回归系数，也就是研究假设中用 β 指代的值。要使这个方程具有预测功能，就需要确定 a、b_1、b_2、b_3、b_4、b_5 的值。这也正是接下来我们进行回归分析的主要任务之一。另一个主要任务是考察这个方程对因变量的预测总量能达到多少。实际上，完成了这两项任务就等于回答了本例的研究问题。

9.3　SPSS 操作步骤

多元线性回归分析的 SPSS 操作步骤如下：

1. 打开本书光盘中的"例 9.1.sav"SPSS 数据文件；

2. 点击菜单栏中的 Analyze > Regression > Linear …，打开多元线性回归主对话框（图 9.1）；

3. 将"双语教学态度"放入 Dependent 框中（图 9.1）；

4. 同时选中其他变量（先单击"个人发展动机"，按住 Shift 键，再单击"英语学习收获"），点击中间向右箭头，将其放入 Independent(s) 框中（图 9.1）；

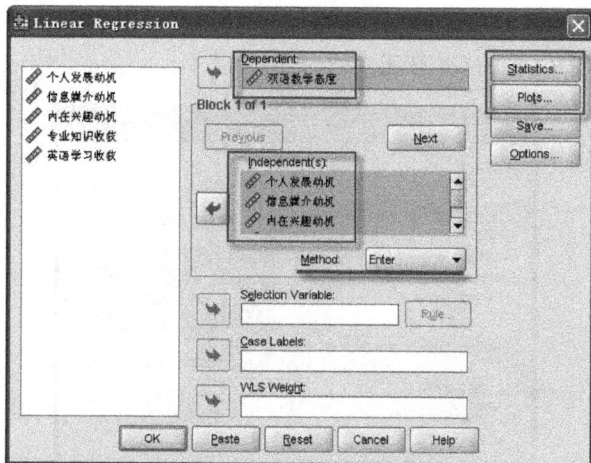

图 9.1　多元线性回归主对话框

5. 点击图 9.1 中的 Statistics ... 按钮，进入 Linear Regression: Statistics 对话框，勾选 Descriptives 和 Collinearity diagnostics，点击 Continue 按钮返回（图 9.2）；

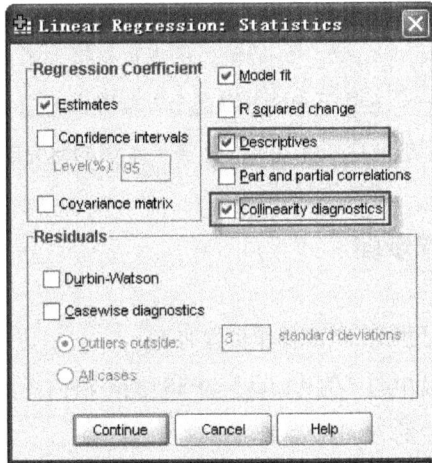

图 9.2　多元线性回归：统计量对话框

6. 点击图 9.1 中的 Plots … 按钮，进入 Linear Regression: Plots 对话框，将左侧框中的 *ZPRED 放入右侧 X 框中，*ZRESID 放入右侧 Y 框中，并点击 Continue 按钮返回（图 9.3）；

7. 点击图 9.1 中的 OK 按钮。

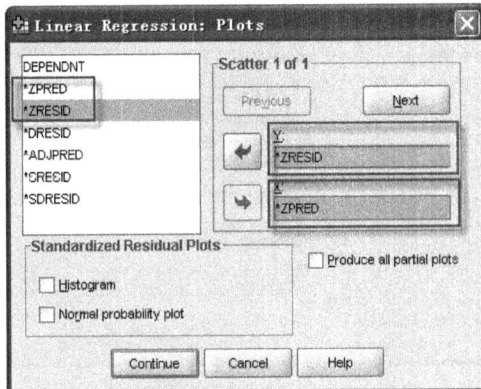

图 9.3　多元线性回归：图表对话框

9.4 SPSS 输出结果解读

按照上述操作步骤，多元线性回归分析会输出八张表和一张图。

表 9.2 是描述统计表。它给出了因变量和所有自变量的平均数、标准差和样本量。这些统计量在论文中均需进行汇报。这张表是操作步骤 5 中勾选了 Descriptives 选项得到的输出结果。如果未勾选该项，则系统无法输出这张表。

表 9.2 多元线性回归分析描述统计表

Descriptive Statistics

	Mean	Std.Deviation	N
双语教学态度	3.5413	.72715	297
个人发展动机	3.0898	.76926	297
信息媒介动机	3.7407	.67487	297
内在兴趣动机	2.7127	.90281	297
专业知识收获	3.1689	.69113	297
英语学习收获	3.3311	.62346	297

表 9.3 是变量间的皮尔逊 r 相关分析表。它给出了因变量与自变量以及自变量之间的皮尔逊 r 相关系数及其显著性。一般说来，我们只需要关注这张表所提供的因变量和各自变量之间的相关系数，并在论文中对这些数据进行汇报。如果这些值显示因变量和各自变量之间有中高度相关，且各自变量之间存在低度相关，那就预示着多元线性回归分析的结果会很好。这张表是操作步骤 5 中勾选了 Descriptives 选项得到的输出结果。如果未勾选该项，则系统无法输出这张表。

表 9.4 是自变量信息表。它汇报了所有自变量的信息以及所用的回归方法。多元线性回归有很多方法，常用的有强制回归法（Enter）、逐步回归法（Stepwise）和层次回归法（Hierarchical regression）等等。强制回归法能使所有自变量一次进入回归方程，而不考虑它们对方程的贡献大小。逐步回归法是让计算机一步一步地使自变量进入回归方程，标准是看自变量对回归方程的贡献大小：贡献大的优先进入方程，贡献小的之后进入方程，依此类推。

表 9.3 多元线性回归皮尔逊 r 相关分析表

Correlations

		双语教学态度	个人发展动机	信息媒介动机	内在兴趣动机	专业知识收获	英语学习收获
Pearson Correlation	双语教学态度	1.000	.393	.238	.354	.660	.650
	个人发展动机	.393	1.000	.435	.599	.330	.468
	信息媒介动机	.238	.435	1.000	.187	.146	.186
	内在兴趣动机	.354	.599	.187	1.000	.249	.388
	专业知识收获	.660	.330	.146	.249	1.000	.631
	英语学习收获	.650	.468	.186	.388	.631	1.000
Sig. (1-tailed)	双语教学态度		.000	.000	.000	.000	.000
	个人发展动机	.000		.000	.000	.000	.000
	信息媒介动机	.000	.000		.001	.006	.001
	内在兴趣动机	.000	.000	.001		.000	.000
	专业知识收获	.000	.000	.006	.000		.000
	英语学习收获	.000	.000	.001	.000	.000	
N	双语教学态度	297	297	297	297	297	297
	个人发展动机	297	297	297	297	297	297
	信息媒介动机	297	297	297	297	297	297
	内在兴趣动机	297	297	297	297	297	297
	专业知识收获	297	297	297	297	297	297
	英语学习收获	297	297	297	297	297	297

层次回归法能按照研究者的理论设计考察自变量对因变量的预测能力：自变量进入回归方程的顺序是由研究者根据理论人为决定的。这些方法各有利弊，互相补充，读者可以在今后的学习和科研中继续探索。本例使用最为常见的强制回归法（参见图 9.1）。表 9.4 提供的信息只需在论文中用文字汇报即可，即说明回归方法的种类。

表 9.4 多元线性回归自变量信息表

Variables Entered / Removed

Model	Variables Entered	Variables Removed	Method
1	英语学习收获，信息媒介动机，内在兴趣动机，专业知识收获，个人发展动机 a		Enter

a. All requested variables entered.

表 9.5 和表 9.6 是模型汇总表和方差分析表。它们是多元线性回归分析中非常重要的两张统计表，汇报了 R^2 值（表 9.5）及其显著性检验结果（表 9.6）。表 9.5 中的 R（0.740）称为复相关系数，用来表示因变量原始值和通过回归方程得到的因变量预测值之间的关联强度，它的值介于 0 和 1 之间。R Square（0.547）（即 R^2）是 R 的平方，它乘以 100% 后，就表示全部自变量作为一个整体所能解释因变量总变异的程度。就本例而言，五个自变量能够解释因变量 54.7% 的变异。Adjusted R Square（0.539）（校正 R^2）修正了 R^2，以使之能对因变量进行更为准确的估计。值得注意的是，Adjusted R Square 的值都小于 R Square 的值，是比较保守的估计值。以上三个数值均需要在论文中汇报。表 9.5 的最后一列是估计标准误差（0.493），它表示自变量不能预测因变量的值的程度。本例中，该值为 0.493，它表示当用上述五个自变量预测学生双语教学态度时，回归方程的预测值会偏离实际值 0.493。估计标准误差的值越小，说明回归方程的预测能力越大。这个数值不需要在论文中汇报。

表 9.5　多元线性回归模型汇总表

Model Summary[b]

Model	R	R Square	Adjusted R Square	Std. Error of the Estimate
1	.740[a]	.547	.539	.49351

a. Predictors: (Constant)，英语学习收获，信息媒介动机，内在兴趣动机，专业知识收获，个人发展动机

b. Dependent Variable: 双语教学态度

表 9.6 提供了 R^2 所代表的回归方程整体预测力的显著性检验结果。该检验针对 H_{06} 零假设进行，以方差分析为检验手段。该表显示，$F(5, 291) = 70.321$，$p < 0.05$。这说明，R^2 显著不为零，回归方程整体预测力显著。表 9.5 和表 9.6 能让研究者回答第二个研究问题，即五个自变量作为一个整体能够有效解释因变量（双语教学态度）54.7% 的方差。表 9.6 中的 F 值、自由度和显著性需要在论文中汇报。

表 9.6 多元线性回归方差分析表

ANOVA[b]

Model		Sum of Squares	df	Mean Square	F	sig.
1	Regression	85.634	5	17.127	70.321	.000[a]
	Residual	70.874	291	.244		
	Total	156.508	296			

a. Predictors: (Constant)，英语学习收获，信息媒介动机，内在兴趣动机，专业知识收获，个人发展动机

b. Dependent Variable: 双语教学态度

表 9.7 多元线性回归系数表

Coefficients[a]

Model		Unstandardized Coefficients		Standardized Coefficients	t	Sig.	Collinearity Statistics	
		B	Std. Error	Beta			Tolerance	VIF
1	(Constant)	.260	.210		1.241	.215		
	个人发展动机	-.006	.054	-.007	-.118	.906	.485	2.062
	信息媒介动机	.107	.047	.099	2.250	.025	.802	1.246
	内在兴趣动机	.087	.040	.108	2.150	.032	.620	1.614
	专业知识收获	.432	.054	.411	8.068	.000	.600	1.665
	英语学习收获	.389	.064	.334	6.080	.000	.516	1.937

a. Dependent Variables: 双语教学态度

表 9.7 是回归系数表。它也是多元线性回归中的重要统计表之一。它提供了各自变量对因变量的回归系数和显著性检验结果，使研究者能回答第一个研究问题，并确立回归方程。表 9.7 显示，回归系数分为非标准化（Unstandardized）和标准化（Standardized）两类，分别用于建立非标准化回归方程和标准化回归方程。非标准化回归方程是用来预测因变量得分的，实用性更强；而标准化回归方程是用来对研究结果进行描述的，理论性更重。两者的另一个主要区别是：非标准化回归方程中含有常数项（Constant）和误差（Std. Error），而标准化回归方程则没有这两项，只包含标准化回归系数 β（Beta）。

表 9.7 不但给出了标准化和非标准化回归系数，而且还给出了这些系数的显著性检验结果。这些数据是通过 t 检验得到的。从表中可以看出，个人发展

动机的回归系数 ($\beta = -0.007$) 未达到显著水平 ($t = -0.118, df = 291^{1}, p > 0.05$)。其余自变量的回归系数均达到显著水平 ($p < 0.05$)。这一结果说明个人发展动机对回归方程的贡献很小，可以忽略不计，也就是说它不是一个有效的预测变量；而其余四个自变量对回归方程的贡献很大，能够有效预测因变量。但我们不能轻易地把个人发展动机剔除掉。这是因为在计算回归系数时，我们使用的是强制回归法（Enter），是将所有自变量一起考虑的；如果剔除掉一个不显著的预测变量，那么可能会影响其他预测变量的显著性水平。因此，我们还是把它保留在回归方程里。

表 9.7 还提供了自变量多重共线性的检验指标（Collinearity Statistics）。它包括两类：容差（Tolerance）和方差膨胀因子（VIF），前者是后者的倒数，它们给出的信息是相同的，我们只需关注其一即可。多重共线性是指自变量之间高度相关、信息重叠的现象。这种现象的存在对多元线性回归分析十分不利，因为它混淆了各预测变量之间的界限，使研究者无法确定预测变量对回归方程的贡献大小，因此需要尽量避免。通常我们使用容差作为衡量自变量多重共线性的指标：如果一个自变量的容差大于（$1-$ 校正 R^2），则表明该自变量与其他自变量之间不存在多重共线性问题；如果容差小于（$1-$ 校正 R^2），则表明该自变量与其他自变量存在多重共线性问题。本例中的校正 R^2 等于 0.539，所以容差标准为 0.461（$1-0.539$）。纵览 Tolerance 一栏，所有数值均大于 0.461，说明各自变量间不存在多重共线性问题。

自变量多重共线性的检验指标是通过操作步骤 5 中勾选了 Collinearity diagnostics 项目获得的。如果没有勾选该项，则无法得到这部分信息。这部分信息需要在论文中汇报。

表 9.8 是多重共线性诊断表。它提供的信息与表 9.7 中 Collinearity Statistics 一列所反映的信息类似，只是从另一个方面考察多重共线性问题。在这张表中，我们通常关注条件指数（Condition Index）一栏。如果该列的最大值小于或等于 30，说明自变量之间不存在多重共线性问题；如果该列的最大值大于 30，则说明自变量之间存在多重共线性问题。事实上，研究者经常将此表与表 9.7 中的容差数据综合在一起进行考虑，以确定多重共线性是否存在。表 9.8 显示，条件指

1　这里自由度的算法是 $N-p-1$。N 表示样本量（本例中为 297），p 标示自变量个数（本例中为 5）。

数最大值为 22.806，小于 30，这再次说明自变量之间不存在多重共线性问题。

如果发现自变量之间存在多重共线性，通常有两种解决方法：一是合并那些概念上有联系的高度相关的自变量；另一个方法是从具有高度相关的变量中选择一个作为自变量，然后再进行一次多元线性回归分析，得到的结果会更可靠。

表 9.8 是通过操作步骤 5 中勾选了 Collinearity diagnostics 项目获得的。如果没有勾选该项，则无法输出这张表格。这里的信息不需要在论文中汇报。

表 9.8 多元线性归回共线性诊断表

Collinearity Diagnostics^a

Model	Dimension	Eigenvalue	Condition Index	Variance Proportions					
				(Constant)	个人发展动机	信息媒介动机	内在兴趣动机	专业知识收获	英语学习收获
1	1	5.838	1.000	.00	.00	.00	.00	.00	.00
	2	.073	8.935	.02	.02	.02	.57	.04	.01
	3	.039	12.235	.01	.06	.25	.03	.25	.05
	4	.024	15.543	.16	.72	.03	.34	.01	.00
	5	.014	20.088	.20	.02	.29	.06	.61	.40
	6	.011	22.806	.61	.17	.40	.01	.09	.54

a. Dependent Variables: 双语教学态度

表 9.9 是残差统计表。它给出了残差及标准化残差的最小值、最大值、平均数、标准差和样本量。该表与图 9.4 提供的信息作用类似，即预测变量和残差的相关性。读者可忽略此表，直接读图 9.4 获取相关信息。该表信息在论文中不需要汇报。

表 9.9 多元线性回归残差统计表

Residuals Statistics^a

	Minimum	Maximum	Mean	Std. Deviation	N
Predicted Value	1.7347	5.1080	3.5413	.53787	297
Residual	-1.84623	1.37290	.00000	.48932	297
Std. Predicted Value	-3.359	2.913	.000	1.000	297
Std. Residual	-3.741	2.782	.000	.992	297

a. Dependent Variables: 双语教学态度

最后输出的是一张预测变量与残差关系图（图 9.4）。它直观地显示了预测变量与残差之间的关系。该图的横坐标是预测变量的标准化值，纵坐标是残差的标准化值。在以横纵坐标 0 分值交叉处为中心、以 ±2 为边界的椭圆中，聚集了绝大多数观测量（图中的圆点）。这说明多元线性回归分析误差呈正态分布且误差与预测变量之间不相关，满足多元线性回归的统计前提。图 9.4 显示，数据很好地满足了这一前提假定，回归分析的结果非常可信。

一般说来，如果回归方程的解释力（R^2）超过 50%，那么残差和预测变量之间的关系图与图 9.4 的模式基本相同，即绝大多数观测量集中在以横纵坐标 0 分值交叉处为中心、以 ±2 为边界的椭圆中。如果绝大多数观测量位于这个区域之外，或者它们明显呈现出从左下方到右上方的线性趋势，那就说明多元线性回归的误差不呈正态分布，且误差与观测变量之间相关。这就违背了多元线性回归的统计前提，以此得出的统计结果不可信。

该图是通过操作步骤 6 得到的。如果未执行这个操作，则无法得到这张图。这张图的信息需要在论文中汇报。

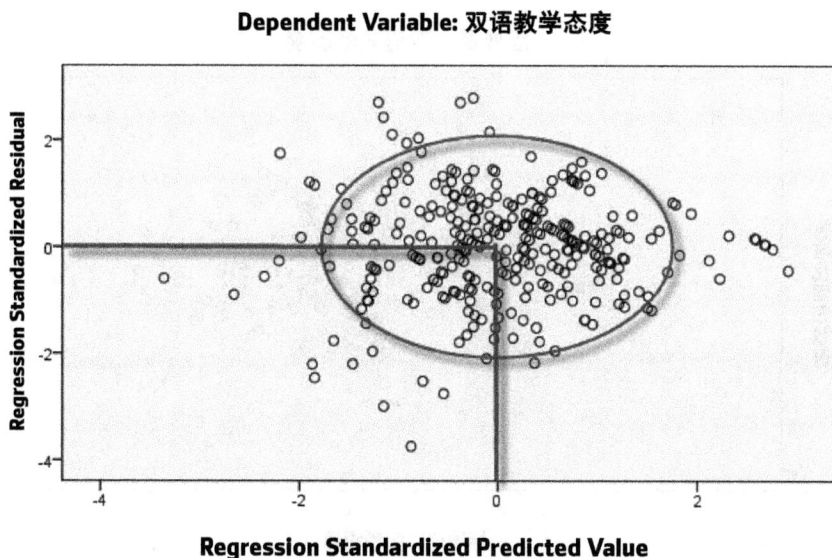

Dependent Variable: 双语教学态度

图 9.4　多元线性回归预测变量与残差关系图

9.5 APA 学术论文结果汇报示例

汉语示例

本次多元线性回归分析满足误差呈正态分布以及误差和预测变量不相关的前提假定（图 9.5）。预测变量与因变量显著相关（表 9.10）。强制回归结果显示，预测变量中除"个人发展动机"之外，其余四个变量对双语教学态度均具有良好的预测作用（表 9.11），R^2 为 0.547，即"专业知识收获"、"英语学习收获"、"内在兴趣动机"、"信息媒介动机"和"个人发展动机"构成的组合能解释双语教学态度 54.7% 的变异。表 9.11 显示，五个预测变量中，"专业学习收获"（Beta = 0.411）和"英语学习收获"（Beta = 0.334）的标准化回归系数分列第一和第二位。这说明专业知识收获和英语学习收获越大的学生对双语教学态度就越积极。标准化回归方程为：双语教学态度 = 0.411 × 专业知识收获 + 0.334 × 英语学习收获 + 0.108 × 内在兴趣动机 + 0.099 × 信息媒介动机 − 0.007 × 个人发展动机。

因变量：双语教学态度

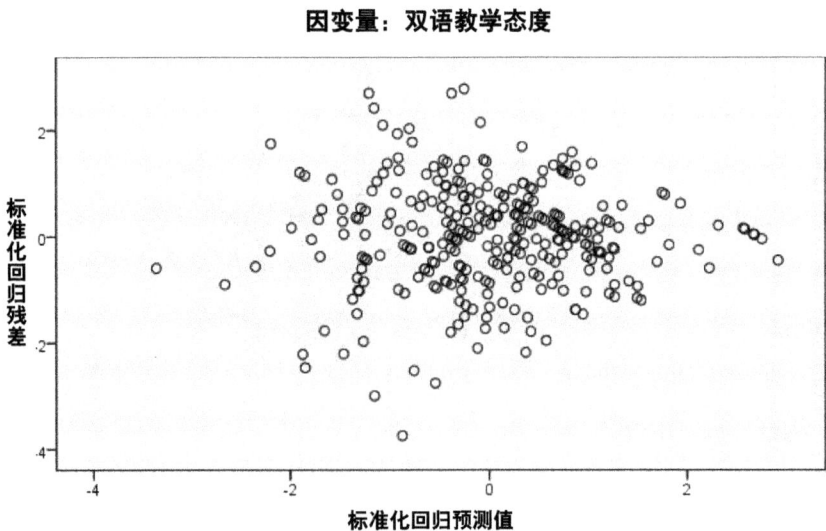

图 9.5 多元线性回归预测变量与残差关系图

表 9.10　变量描述统计量及相关矩阵(n = 297)

变量		描述统计量		相关矩阵				
		M	SD	1	2	3	4	5
因变量	双语教学态度	3.54	0.73	0.393*	0.238*	0.354*	0.660*	0.650*
自变量	1 个人发展动机	3.09	0.77	—	0.435*	0.599*	0.330*	0.468*
	2 信息媒介动机	3.74	0.67		—	0.187*	0.146*	0.186*
	3 内在兴趣动机	2.71	0.90			—	0.249*	0.388*
	4 专业知识收获	3.17	0.69				—	0.631*
	5 英语学习收获	3.33	0.62					—

*$p < 0.05$

表 9.11　多元线性回归结果摘要表(n = 297)

变量		R	R^2	Adjusted R^2	F (5, 291)	Beta	t (291)	Tolerance	VIF
因变量	双语教学态度	0.740	0.547	0.539	70.321*				
自变量	个人发展动机					-0.007	-0.118	0.485	2.062
	信息媒介动机					0.099	2.250*	0.802	1.246
	内在兴趣动机					0.108	2.150*	0.620	1.614
	专业知识收获					0.411	8.068*	0.600	1.665
	英语学习收获					0.334	6.080*	0.516	1.937

*$p < 0.05$

英语示例

Multiple linear regression was conducted to determine the best linear combination of individual development motivation of English learning, information media motivation of English learning, intrinsic interest of English learning, subject-study achievements, and English-learning achievements for predicting students' attitudes towards bilingual instruction in China. Statistical assumptions, such as the normal distribution of residuals and the non-linear correlation between predicted variables and residuals were all met in the analysis (Figure 9.6). The means, standard deviations, and correlation coefficients could be found in Table 9.12. The regression method of "enter" showed that the combination of the five independent variables significantly predicted students' attitudes towards bilingual instruction, $F(5, 291) = 70.321$, $p < 0.05$, with all of them significantly contributing to the prediction ($p < 0.05$) except individual development motivation of English learning ($p > 0.05$) (Table 9.13). The beta weights, presented in Table 9.13, suggested that subject-study achievements and English-learning achievements contribute most to predicting students' attitudes towards bilingual instruction. The R square value was 0.547, which indicated that 54.7% of the variance in students' attitudes towards bilingual instruction was explained by the model. The standardized regression formulation is students' attitudes towards bilingual instruction = 0.411 × subject-study achievements + 0.334 × English-learning motivation + 0.108 × intrinsic motivation of English learning + 0.099 × information media motivation of English learning – 0.007 × individual development motivation of English learning.

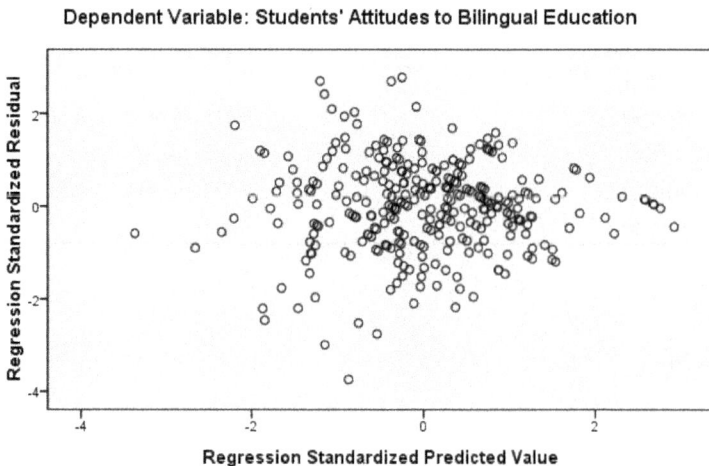

Fig. 9.6　Multiple Linear Regression: Standardized Predicted Value and Residual

Table 9.12 Descriptives and Correlation Coefficients of Variables ($n = 297$)

	Variables	Descriptives		Correlation Coefficients				
		M	SD	1	2	3	4	5
DV	Attitudes	3.54	0.73	0.393*	0.238*	0.354*	0.660*	0.650*
IV	1 individual development	3.09	0.77	—	0.435*	0.599*	0.330*	0.468*
	2 information media	3.74	0.67		—	0.187*	0.146*	0.186*
	3 intrinsic motivation	2.71	0.90			—	0.249*	0.388*
	4 subject-study achievement	3.17	0.69				—	0.631*
	5 English-learning achievement	3.33	0.62					—

*$p < 0.05$

Table 9.13 Multiple Linear Regression: Important Statistics ($n = 297$)

	Variables	R	R^2	Adjusted R^2	F (5, 291)	Beta	t (291)	Tolerance	VIF
DV	Attitudes	0.740	0.547	0.539	70.321*				
IV	Individual development					-0.007	-0.118	0.485	2.062
	Information media					0.099	2.250*	0.802	1.246
	Intrinsic motivation					0.108	2.150*	0.620	1.614
	Subject-study achievement					0.411	8.068*	0.600	1.665
	English-learning achievement					0.334	6.080*	0.516	1.937

*$p < 0.05$

练习

为了考察学生对双语教学的态度，本章例题的研究者还使用问卷（李克特五点量表）调查了这 297 名学生对他们双语"教师英语水平"（4 个题项）、"教师专业水平"（4 个题项）、双语"全英语教材"使用情况（6 个题项）、双语教学"标准式模式"（4 个题项）和"过渡式模式"（4 个题项）等五个维度的评价信息。

该研究者使用各维度的平均分表示相应维度的得分。他想考察上述这五个维度能否显著地预测（解释）学生"双语教学态度"这一维度。（请使用数据文件"练9.1.sav"。）

1) 本题的自变量和因变量是什么？各是什么测度？

2) 本题的研究目的是寻找差异还是寻找关联？

3) 本题的零假设和研究假设分别是什么？

4) 本题的 SPSS 操作步骤是什么？

5) 如何解读输出结果？

6) 如何用汉语和英语按照 APA 格式在学术论文中进行汇报？

7) 比较本题结果和例 9.1 的结果，你有什么发现？能尝试解释其原因吗？

第十章　卡方检验

若想考察以人数或个数（counts）为计量单位的定类或定序变量之间是否存在关联，需要使用卡方检验。卡方（χ^2），读做 chi square，是由在希腊字母表中第二十二个字母 χ（chi）的右上方标注平方符号（square）所得。卡方检验适用于比较两个（或以上）相互排斥的计数数据（变量）之间是否存在关联，通过比较观测个数（observed counts）和期待个数（expected counts）来实现。观测个数就是样本中实际出现的个数；期待个数又称理论个数，是指假定各组均等的个数，也可以是基于某种理论得出的各组不等的个数。比如某研究者调查了 150 名大学生对图书馆开放时间的态度，1 为满意，2 为不满意，3 为未表态。选 1 的人数是 83，选 2 的人数是 55，选 3 的人数是 12。这些人数就是观测个数。此例中的理论个数应为 50（150 / 3）。卡方检验就是按照一定的原理考察观测个数和期待个数之间的差异，以进而确定变量之间是否存在关联的数据统计方法。

卡方检验有两个主要用途：独立性检验和拟合度检验。独立性检验主要考察两个或多个以个数为单位的定类或定序变量之间是否存在关联。拟合度检验是考察一个以个数为单位的定类或定序变量是否符合某种理论分布状态。与之前各章介绍的统计检验方法不同，卡方检验既可以使用原始数据，也可以使用经过统计汇总后的数据。

10.1　实例分析——卡方独立性检验

为了考察学生英语口语水平和他们选修英语演讲课的决策之间的关系，某研究者调查了 150 名英语专业大二学生。他根据学生的英语口语成绩将他们分成口语水平高、中、低三组，然后记录各组选修英语演讲课的人数。他将选修该课程的决策分为三种：1 为已选，2 为未选，3 为待定。现在这位研究者想考察学生英语口语水平和他们选修英语演讲课的决策之间是否存在显著关联。

表 10.1 卡方独立性检验实例解析

目标	数据要求	实例解析
检验两个（或以上）分类变量之间是否有关联	所有变量均须为分类数据，并以个数为单位	变量 1 为英语口语水平[1]，变量 2 为选修英语演讲课决策

10.2　研究问题与假设——卡方独立性检验

基于上述实例，我们的研究问题是：学生英语口语水平与他们选修英语演讲课的决策之间是否存在显著关联？针对这一研究问题可得出以下假设：

H_0：学生英语口语水平与他们选修英语演讲课的决策之间相互独立。

H_1：学生英语口语水平与他们选修英语演讲课的决策之间相互关联。

卡方独立性检验对口语水平和选修演讲课的决策之间相互独立（即没有联系）这一零假设进行检验。我们把显著水平设置为 $\alpha = 0.05$。那么，如果检验结果为 $p \leq 0.05$，我们拒绝零假设，接受研究假设，认为上述两个变量之间有关联；如果 $p > 0.05$，我们不拒绝零假设，认为上述两个变量之间无关联，即相互独立。卡方独立性检验的名称即由此而来。

10.3　SPSS 操作步骤——卡方独立性检验

使用原始数据的卡方独立性检验 SPSS 操作步骤如下：

1. 打开本书光盘中的"例 10.1a.sav"SPSS 数据文件；

2. 点击菜单栏中的 Analyze > Descriptive Statistics > Crosstabs …，打开卡方独立性检验主对话框（图 10.1）；

3. 将"英语口语水平"放入 Row(s) 框中，将"演讲课选课决策"放入 Column(s) 框中（图 10.1）；

1　一般说来，卡方独立性检验中不区分自变量和因变量。但习惯上我们将行变量视为自变量，列变量视为因变量。这样有利于解读和汇报统计结果。

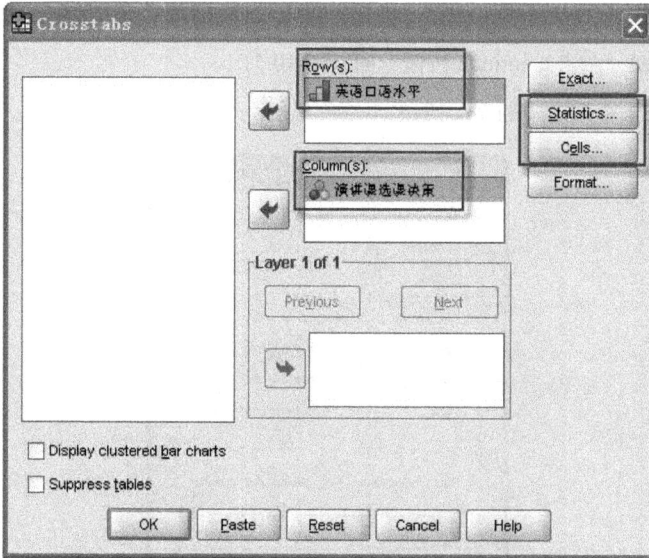

图 10.1 卡方独立性检验主对话框

4. 点击图 10.1 中的 Statistics … 按钮，进入 Crosstabs: Statistics 对话框，勾选左上方的 Chi-square，单击 Continue 按钮返回（图 10.2）；

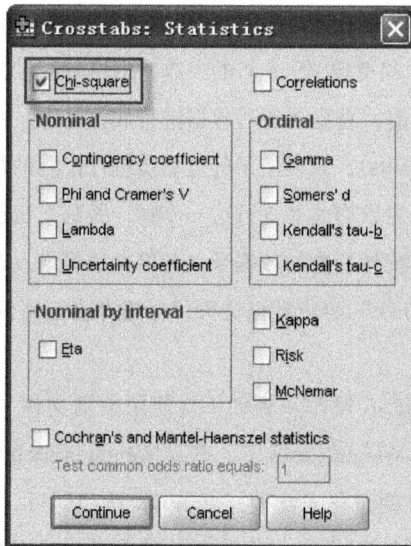

图 10.2 卡方独立性检验：统计量对话框

5. 点击图 10.1 中的 Cells … 按钮，进入 Crosstabs: Cell Display 对话框，勾选 Expected，单击 Continue 按钮返回（图 10.3）；

6. 点击图 10.1 中的 OK 按钮。

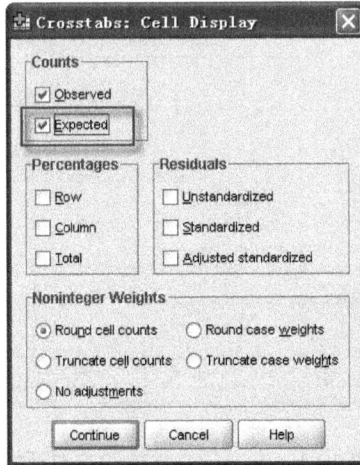

图 10.3　卡方独立性检验：单元格对话框

通常情况下，我们收集计数数据时会进行统计汇总：以本题为例，该研究者可能在收集数据时，就统计了英语口语水平高的学生（共 36 人）中选课（20人）、不选课（7 人）和待定（9 人）的人数。用这种经过初步统计汇总的数据进行卡方独立性检验时，首先需要对数据进行加权处理，其作用是将定距数据调整为计数数据（counts）。只要使用经过初步统计汇总的数据进行卡方独立性检验，建立数据文件之后均需要进行这一步骤，否则无法进行卡方检验。读者还需注意，经过初步统计汇总的数据录入与原始数据录入有很大不同，请比较"例 10.1a"和"例 10.1b"两份数据文件，仔细体会后者的录入方式与前者有何不同之处。

给数据加权的 SPSS 操作步骤如下（使用数据文件"例 10.1b.sav"）：点击菜单栏中的 Data > Weight Cases …，选择 Weight cases by Frequency Variable，并将左侧的"人数"变量移入此框，点击 OK 按钮即可（图 10.4）。完成这个步骤之后，其余操作步骤与以上 1 至 6 步完全相同，输出结果和论文汇报格式亦相同。

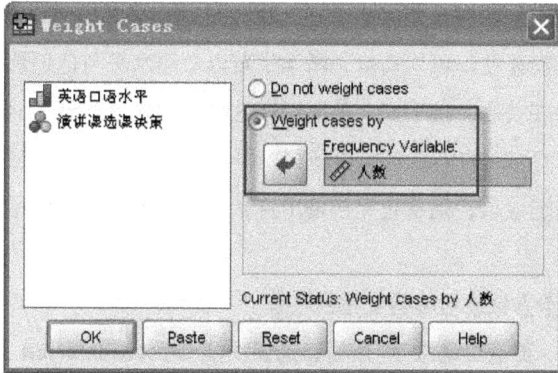

图 10.4　数据加权对话框

10.4　SPSS 输出结果解读——卡方独立性检验

按照上述操作步骤（不论使用哪种数据），卡方独立性检验会输出三张表。

表 10.2 是被试信息表。它给出了有效被试和缺失被试的个数及两者分别所占的百分比。这些信息仅供研究者参考，不需要在论文中汇报。需要注意的是，卡方检验要求有效被试数量较多，通常在 150 个以上，所以应尽量减少缺失被试的数量，否则会影响统计结果。

表 10.2　卡方独立性检验被试信息表

Case Processing Summary

	Cases					
	Valid		Missing		Total	
	N	Percent	N	Percent	N	Percent
英语口语水平 * 演讲课选课决策	150	100.0%	0	.0%	150	100.0%

表 10.3 是变量列联表。它给出了两个变量的观测个数（Count）和期待个数（Expected Count），并将二者在同一单元格（Cells）内呈现出来。研究者只需关注观测个数远大于期待个数的单元格即可。这些单元格内的数据可能会揭示两个变量之间是否存在关联。该表显示，英语口语水平高的学生多数选择了英语演讲课（20 > 10.8）；英语口语水平低的学生多数未选择英语演讲课（33 > 19.8）；

英语口语水平中等的学生绝大多数还未决定是否选择英语演讲课（32 > 20.1）。上述情况具有规律性，可以初步判断学生英语口语水平与他们选择英语演讲课的决策之间存在关联。接下来，就要考察这种关联是否达到了显著水平。这张表中 Expected Count 的信息是操作步骤 5 中勾选了 Expected 选项得到的输出结果。如果未勾选该项，则系统无法输出这张表。该表的主要信息需要在论文中汇报。

表 10.3 卡方独立性检验变量列联表

英语口语水平＊演讲课选课决策 Crosstabulation

			演讲课选课决策			Total
			已选	未选	待定	
英语口语水平	高	Count Expected Count	20 10.8	7 13.0	9 12.2	36 36.0
	中	Count Expected Count	13 17.7	14 21.2	32 20.1	59 59.0
	低	Count Expected Count	12 16.5	33 19.8	10 18.7	55 55.0
Total		Count Expected Count	45 45.0	54 54.0	51 51.0	150 150.0

表 10.4 是卡方独立性检验表。它提供了卡方值（Pearson Chi-Square）、自由度（df）和显著性检验结果（Asymp. Sig. (2-sided)）等主要信息。由于列联表格式不同（有 2×2、2×3、3×3、4×3 等 [1]），所以卡方计算方法和适用范围也不同，故此表还会给出一些其他检验结果，如：Likelihood Ratio、Linear-by-Linear Association、Continuity Correction 和 Fisher's Exact Test 等。这些信息不适用于本例，可以忽略 [2]。表 10.4 显示，$\chi^2 = 36.333$，$df = 4$，$p < 0.05$，这说明表 10.3 中显示出来的两变量规律性的关联的确存在，我们有 95% 以上的把握拒

1　2×2 表示有两个分类变量，每个分类变量均有两个水平。2×3 表示有两个分类变量，第一个有两个水平，第二个有三个水平。以此类推。在卡方独立性检验中，单元格的分布格式是选择统计结果输出指标的重要参考依据。

2　卡方检验的默认输出结果是 Pearson χ^2 及其自由度和显著性。但如果数据构成了 2×2 的列联表，表中存在期待个数小于 5 的单元格，且样本量大于 40，则使用 Continuity Correction χ^2 统计结果；如果在 2×2 列联表数据中，有期待个数小于 1 的单元格，且样本量小于 40，则使用 Fisher's Exact Test 统计结果。如果 2×2 列联表数据所有单元格的期待个数均大于 5，且样本量大于 40，研究者可以使用 Continuity Correction χ^2，也可以使用默认输出的 Pearson χ^2 作为检验指标。事实上，Continuity Correction χ^2 是使用 2×2 列联表数据进行卡方检验时对 Pearson χ^2 检验结果的修正。虽然近年来统计学家的研究表明 Continuity Correction χ^2 修正似乎有点矫枉过正，但在实际工作中人们依然倾向于在检验 2×2 列联表数据时使用 Continuity Correction χ^2 统计结果。

绝零假设，接受研究假设。

需要注意的是，表 10.4 下方有一个注释，意为：没有一个单元格的期待个数低于 5。这是数据构成 2×2 列联表进行卡方独立性检验的基本前提：所有单元格中的期待个数都要大于 5。如果该前提未得到满足，则卡方检验有偏误，结果不可靠。但对非 2×2 列联表而言，只要卡方值在相应的自由度上达到了显著水平，且期待个数小于 5 的单元格不超过单元格总数的 20%，研究者就可以忽略这个统计前提。本例的数据构成了 3×3 的列联表，卡方值显著，且没有一个单元格的期待个数小于 5，所以统计结果是非常可信的。如果有的单元格期待个数小于 5，则可以通过合并单元格或增加样本量的方法来增加期待个数。

表 10.4 卡方独立性检验表

Chi-Square Tests

	Value	df	Asymp. Sig. (2-sided)
Pearson Chi-Square	36.333[a]	4	.000
Likelihood Ratio	34.235	4	.000
Linear-by-Linear Association	1.192	1	.275
N of Valid Cases	150		

a.0 cells (0%) have expected count less than 5. The minimum expected count is 10.80.

10.5 APA 学术论文结果汇报示例——卡方独立性检验

汉语示例

卡方独立性检验结果显示，学生英语口语水平和他们选择英语演讲课的决策之间存在显著关联（$\chi^2 = 36.333$，$df = 4$，$p < 0.05$）（表 10.5）。具体说来，英语口语水平高的学生多数选择了英语演讲课（20 / 36 = 56%）；英语口语水平低的学生多数未选择英语演讲课（33 / 55 = 60%）；英语口语水平中等的学生绝大多数还未决定是否选择英语演讲课（32 / 59 = 54%）。

表 10.5 卡方独立性检验变量列联表($n = 150$)

				演讲课选课决策			行总计
				已选	未选	待定	
英语口语水平	高		观测个数	20	7	9	36
			期待个数	10.8	13.0	12.2	
	中		观测个数	13	14	32	59
			期待个数	17.7	21.2	20.1	
	低		观测个数	12	33	10	55
			期待个数	16.5	19.8	18.7	
观测个数列总计				45	54	51	150

英语示例

According to the results of the chi-square test of independence, there is a significant relationship between students' oral proficiency and their choice of public speaking in English course ($x^2 = 36.333$, $df = 4$, $p < 0.05$) (Table 10.6). Given the choice of enrolling on the course, not enrolling on the course, or having not decided, 20 out of 36 students with high-level oral proficiency enrolled on the course; 32 out of 59 students with intermediate-level oral proficiency had not decided whether to enroll or not; and 33 out of 55 students with low-level oral proficiency did not enroll on the course.

Table 10.6 Crosstabulation of the Chi-Square Test of Independence ($n = 150$)

			Public Speaking Course Enrollment			Total
			Enrolled	Not Enrolled	Undecided	
Oral English Proficiency	High	Observed	20	7	9	36
		Expected	10.8	13.0	12.2	
	Intermediate	Observed	13	14	32	59
		Expected	17.7	21.2	20.1	
	Low	Observed	12	33	10	55
		Expected	16.5	19.8	18.7	
Total of the Observed			45	54	51	150

10.6　实例分析——卡方拟合度检验

某大学英语教研室主任审查期末综合英语试卷的题目内容（考点）分布情况。按照考纲规定，试卷中语法类、词汇类和综合类题目比例须为 4∶4∶2。该试卷共 100 道选择题，其中语法题 42 道、词汇题 37 道、综合题 21 道。这位主任想考察试卷题目内容分布与考纲中要求的题目比例是否吻合。

表 10.7　卡方拟合度检验实例解析

目标	数据要求	实例解析
检验某一分类变量各水平分布与指定分布状态是否有差异	变量须为分类数据，有两个（或以上）水平，且以个数为单位	变量:考点（3 个水平:语法、词汇、综合类）

10.7　研究问题与假设——卡方拟合度检验

基于上述实例，我们的研究问题是：试卷考点中语法、词汇和综合类题目数量与考纲规定的 4∶4∶2 比例分布是否具有显著差异？针对这一研究问题可得出以下假设：

H_0：语法、词汇和综合类题目分布与 4∶4∶2 比例分布之间无差异。

H_1：语法、词汇和综合类题目分布与 4∶4∶2 比例分布之间有差异。

卡方拟合度检验对"试卷题目分布和考纲规定的 4∶4∶2 比例分布之间无差异（即拟合）"这一零假设进行检验。我们把显著水平设置为 $\alpha = 0.05$。那么，如果检验结果为 $p \leqslant 0.05$，我们拒绝零假设，接受研究假设，认为试卷题目分布和考纲规定的分布之间有差异；如果 $p > 0.05$，我们不拒绝零假设，认为试卷题目分布和考纲规定的分布之间无差异，即试卷题目分布与考纲规定的分布拟合。卡方拟合度检验的名称即由此而来。

10.8 SPSS 操作步骤——卡方拟合度检验

使用原始数据的卡方拟合度检验 SPSS 操作步骤如下：

1. 打开本书光盘中的"例 10.2a.sav"SPSS 数据文件；

2. 点击菜单栏中 Analyze > Nonparametric Tests > Chi-Square …，打开卡方拟合度检验主对话框（图 10.5）；

3. 将"考点"放入 Test Variable List 框中，在 Expected Values 区域内选择 Values，并在其后面的方格内键入"40"，按 Add 按钮，使该值进入下方方框中；再次键入"40"，点 Add 按钮添加到下方方框；再键入"20"，点 Add 按钮添加到下面的方框内；完成后，如图 10.5 所示；

4. 点击 OK 按钮。

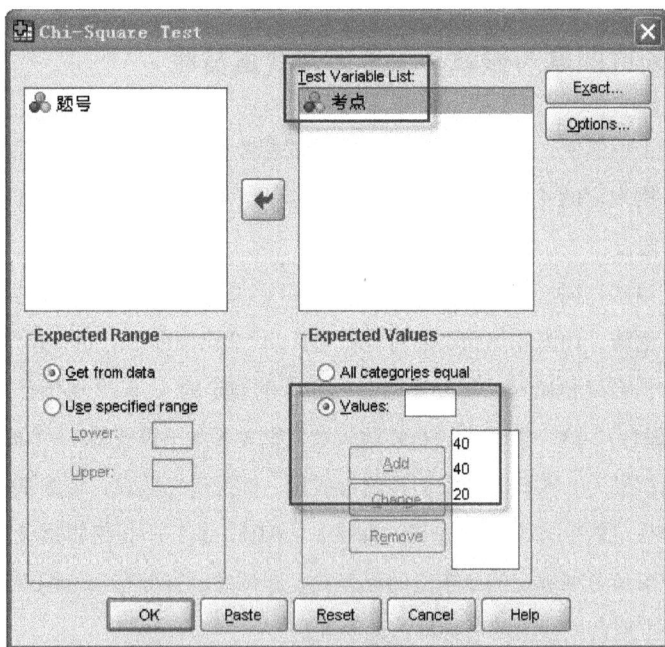

图 10.5 卡方拟合度检验主对话框

通常情况下，我们收集计数数据时会进行统计汇总：以本题为例，该研究者可能在收集数据时，就统计了语法类（42）、词汇类（37）和综合类（21）

题目的总数。如果用这种数据进行卡方拟合度检验，首先需要对数据进行加权处理，其作用是将定距数据调整为计数数据（counts）。只要使用经过初步统计汇总的数据进行卡方拟合度检验，建立数据文件之后均需要进行这一步骤，否则无法进行卡方检验。读者还需注意，经过初步统计汇总的数据录入与原始数据录入有很大不同，请比较"例 10.2a.sav"和"例 10.2b.sav"两份数据文件，仔细体会后者的录入方式与前者有何不同之处。

给数据加权的 SPSS 操作步骤如下（使用数据文件"例 10.2b.sav"）：点击菜单栏中的 Data > Weight Cases …，选择 Weight cases by Frequency Variable 并将左侧的"题数"变量移入此框，点击 OK 按钮即可（图 10.6）。完成这个步骤之后，其余操作步骤与以上 1 至 4 步完全相同，输出结果和论文汇报格式亦相同。

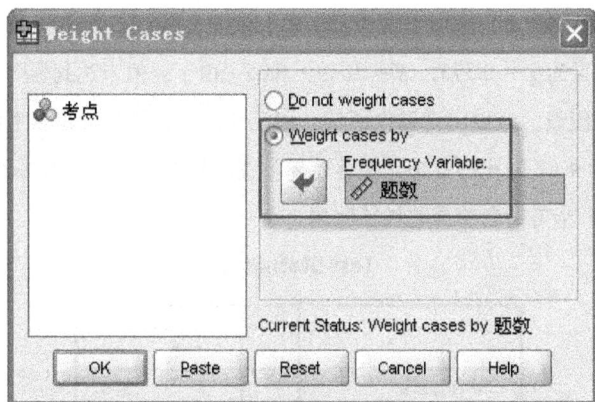

图 10.6 数据加权对话框

10.9 SPSS 输出结果解读——卡方拟合度检验

按照上述操作步骤（不论使用哪种数据），卡方拟合度检验会输出两张表。

表 10.8 是基本信息表。它给出了该变量所有水平下的观测个数（Observed N）、期待个数（Expected N）以及它们之间的差（Residual）。这些信息十分重要，需要在论文中汇报。读者可以看出，期待个数一列中 40、40 和 20 三个数字恰好与操作步骤 3 中键入的数字一致。需要注意的是，上述比例录入的顺序

要与变量各水平排列顺序相同，否则将导致检验结果不准确。本例中变量水平的排列顺序是：1 为语法类，2 为词汇类，3 为综合类，刚好与考纲要求的顺序相同。

表 10.8 卡方拟合度检验基本信息表

考点

	Observed N	Expected N	Residual
语法	42	40.0	2.0
词汇	37	40.0	-3.0
综合	21	20.0	1.0
Total	100		

表 10.9 是拟合度显著性检验表。它给出了拟合度检验的卡方值（Chi-Square）、自由度（df）和显著性检验结果（Asymp. Sig.）。表 10.9 显示，此次拟合度检验结果为 $\chi^2 = 0.375$，$df = 2$，$p > 0.05$。由于 p 值未达到显著水平，我们不能拒绝零假设。这表明试卷中语法、词汇和综合类题目分布与考纲中要求三类题目为 4：4：2 的比例分布无显著差异，实际分布与指定分布两者拟合。

表 10.9 卡方拟合度显著性检验表

Test Statistics

	考点
Chi-Square	.375[a]
df	2
Asymp. Sig.	.829

a. 0 cells (.0%) have expected frequencies less than 5. The minimum expected cell frequency is 20.0.

需要注意的是，表 10.9 下方有一个注释，意为"没有一个单元格的期待频数低于 5"。这是卡方拟合度检验的基本前提要求。如果有 20% 的期待频数小于 5，则卡方拟合度检验结果有偏误，不可靠。本例不存在这种情况，所以统计结果可信。

10.10 APA 学术论文结果汇报示例——卡方拟合度检验

汉语示例

卡方拟合度检验结果显示，试卷中语法、词汇和综合类题目分布与考纲中要求三类题目为 4∶4∶2 的比例分布无显著差异，实际分布与指定分布两者拟合（$\chi^2 = 0.375$, $df = 2$, $p > 0.05$）（表 10.10）。

表 10.10 卡方拟合度检验实际分布与指定分布表（$n = 100$）

		观测个数	期待个数	残差
	语法	42	40	2
考点	词汇	37	40	-3
	综合	21	20	1

英语示例

According to the results of the chi-square goodness of fit test, there is NOT a significant deviation between the distribution of items in the exam paper and that of 4:4:2, which is regulated in the examination syllabus ($\chi^2 = 0.375$, $df = 2$, $p > 0.05$) (Table 10.11). That is to say, there is a perfect goodness of fit between the two distributions.

Table 10.11 Distribution of the Chi-Square Goodness of Fit Test ($n = 100$)

		Observed N	Expected N	Residual
	Grammar	42	40	2
Exam Paper Items	**Vocabulary**	37	40	-3
	Comprehensive	21	20	1

练习

1. 为了考察教龄不同的教师对语言教学法影响因素的态度，某研究者将 372 名教师根据教龄分为两组：（1）教龄为 1—5 年的教师；（2）教龄在 5 年以上的教师。研究者将教学法影响因素分为三类：（1）语言/学习因素；（2）环境因素；（3）学习者因素。之后，他让上述两组教师根据自己的判断从三种影响教学法的因素中进行选择。最后，他把收集到的数据归纳为下表（表 10.12）（请使用数据文件"练 10.1.sav"）。

表 10.12 教龄与教学法影响因素交互表

教龄	教学法影响因素			合计
	语言/学习因素	环境因素	学习者因素	
1—5 年	76	67	49	192
5 年以上	126	35	19	180
合计	202	102	68	372

1）本题的变量是什么？各是什么测度？

2）本题的研究目的是寻找差异还是寻找关联？

3）本题的零假设和研究假设分别是什么？

4）本题的 SPSS 操作步骤是什么？

5）如何解读输出结果？

6）如何用汉语和英语按照 APA 格式在学术论文中进行汇报？

2. 为了考察学习者对五种英语变体的喜好，某教师调查了本校 481 名非英语专业研究生，发现喜欢英国英语的有 126 人，喜欢美国英语的有 148 人，喜欢澳大利亚英语的有 89 人，喜欢加拿大英语的有 92 人，喜欢印度英语的有 26 人。该教师通过以往研究文献得知，世界上讲这五种语言变体的人群比例是 0.05：0.30：0.02：0.03：0.60。他想考察本校研究生对五种英语变体的喜好与这五种语言变体的人群比例分布是否具有显著差异（请使用数据文件"练 10.2.sav"）。

1）本题的变量是什么？是什么测度？

2）本题的研究目的是寻找差异还是寻找关联？

3）本题的零假设和研究假设分别是什么？

4）本题的 SPSS 操作步骤是什么？

5）如何解读输出结果？

6）如何用汉语和英语按照 APA 格式在学术论文中进行汇报？

附录 A　高校双语教学态度影响因素调查问卷（维度版）

1. 主体问题

主体问题共计 77 题，全部采用李克特五点量表进行测量（1 表示非常不同意，5 表示非常同意）。

1.1　学习动机

共 26 个题目，分专业学习动机和英语学习动机。

1.1.1　专业学习动机

5 个题目。

1. 我现在所学的专业就是当年考大学时填报的志愿，而且越学越喜欢。

4. 起初我很喜欢我的专业，可是现在越学越没有兴趣。（—）[1]

9. 我是没办法才学这个专业的，而且越学越没有兴趣。（—）

15. 虽然现在所学的专业不是我最初想学的，可是越学越有兴趣。

20. 如果让我再选择一次，我依然选择现在所学的这个专业。

1.1.2　英语学习动机

21 个题目，来自高一虹等人 2002 年问卷，每个子维度 3 个题目。

出国动机

2. 我学英语的主要目的是想移民国外。

22. 我学习英语是为了出国体验英语国家的文化。

26. 我学习英语是为了出国寻找更多的受教育机会。

1　（—）表示反向题目。

成绩动机

3. 我学英语的劲头主要是想在各类考试中获得好成绩。

16. 我学英语是为了获得和英语相关的各种证书。

19. 我学习英语是为了在考试中获得好名次。

社会责任

5. 我学英语的主要目的是让父母高兴。

13. 我学英语的主要目的是想给家人争光。

17. 我学习英语是为了让世界了解中国。

学习情境

6. 我学英语的主要动力来自我是否喜欢我所用的英语教科书。

7. 我学英语的劲头主要看我是否喜欢教我的英语老师。

8. 我学英语的主要动力取决于我所上的英语课的质量。

个人发展

10. 我学英语的主要动力是它能让我获得成就感。

23. 我学习英语是因为英语是人生前进路上一块重要的敲门砖。

25. 我学习英语是因为讲一口流利的英语是教育程度高和有修养的象征。

信息媒介

11. 我学英语的主要动力是它有利于我的专业学习。

12. 我学英语的主要原因是它是当今最有用的交流工具。

14. 我学英语是为了将来能找到一份好工作。

内在兴趣

18. 我学习英语是因为我喜欢学习语言。

21. 我学习英语是因为我喜爱英语文学作品。

24. 我对英语一见钟情，说不出为什么喜欢它。

1.2 学生自评英语能力

共 8 个题目，分技能和知识两个维度。

学生英语技能（共 4 个题目）

27. 我的英语听力水平不高，时常听不懂老师在讲什么。（—）

29. 我的英语口语能力较低，不能用英语流利地回答问题。（—）

31. 我的英语写作能力较弱，不能顺利地用英语做书面作业。（—）

33. 我的英语阅读能力较好，能看懂本专业英文材料的大部分内容。

学生英语知识（共 4 个题目）

28. 我目前上双语课的一个困难是专业词汇量太少。（—）

30. 我在阅读用英文撰写的专业材料时，理解长句子很困难。（—）

32. 好多本专业的词汇，我看着认识，可是听却听不出来。（—）

34. 我在阅读英语材料时，从句多了就读不懂了。（—）

1.3 教师水平

共 8 个题目，分英语水平和专业水平。

教师英语水平（共 4 个题目）

35. 我的双语课老师特别善于理解专业文献中较长的英语句子。

37. 我的双语课老师能用英语自如地讲授专业知识。

39. 我的双语课老师用英语回答学生课堂提问时不如讲课那么流利。（—）

41. 我的双语课老师英语发音不准确，我听起来很吃力。（—）

教师专业水平（共 4 个题目）

36. 我的双语课老师对所讲授的内容非常了解。

38. 我的双语课老师对所教授的内容有自己独到的见解。

40. 我的双语课老师对本专业的知识体系有全面的掌握。

42. 我的双语课老师对专业知识领会得很深刻。

1.4　教材用语

共 6 个题目。

43. 我觉得双语课用英文教材太难，学起来会很吃力。（—）

44. 我觉得双语课教材可以是英文的，但要有内容相似的汉语教材作为辅助。（—）

45. 我觉得老师自编的英文讲义更适合我目前的水平。

46. 我觉得英汉对照的专业课教材会更适合我目前的水平。（—）

47. 我觉得只要有专业词汇的英语翻译，用汉语教材就可以。（—）

48. 我觉得国外引进的全英文教材很好，不需要用汉语教材作为辅助性资料。

1.5　教学模式

共 8 个题目，分标准式和过渡式。大维度下，过渡式为反向，各维度内部不反。

标准式（共 4 个题目）

49. 我的双语课老师在课上是全英文授课，不说汉语。

51. 我的双语课老师在课上很注意用英语强化专业词汇以便加深学生的记忆。

53. 我的双语课老师鼓励我们在课上用英语回答问题。

55. 我的双语课老师在课上常用浅显易懂的英文进行讲解，不照本宣科。

过渡式（共 4 个题目）

50. 我的双语课老师在课上的讲解就是把英文教材上的内容翻译成汉语。（—）

52. 我的双语课老师在课上总是先用英文讲解，然后再用汉语讲一遍。（—）

54. 我的双语课老师在下课前常用汉语概括一下当堂课的要点。（—）

56. 我的双语课老师在讲解重点或难点问题时，总是先用英语再翻译成汉语。（—）

1.6 学习收获

共 12 个题目，分专业知识收获和英语学习收获。

专业知识收获（共 6 个题目）

57. 双语教学让我在专业知识学习和英语水平提高上获得了双丰收。

60. 双语教学不但没有提高我的英语水平，而且使我对专业知识也学得一知半解。（—）

63. 双语教学让我的英语水平有了提高，可是专业知识学得不透。（—）

66. 双语教学让我的专业学习变得十分痛苦。（—）

69. 双语教学给我的专业学习增加了很大负担。（—）

72. 双语教学有利于我掌握本专业的知识并尽快跟上国际领先水平。

英语学习收获（共 6 个题目）

58. 双语教学促进了我的英语学习。

61. 双语教学让我对英语学习有了更大的信心。

64. 双语教学让我对自己的英语学习潜力更自信了。

67. 双语教学为我日后出国深造在语言上奠定了基础。

70. 双语教学让我认识到了我在英语学习上的不足之处。

73. 双语教学让我对自己的语言学习能力产生了很大怀疑。（—）

1.7 双语教学态度

共 9 个题目，分积极、中立、消极态度。大维度下，中立和消极态度为反向，各维度内部不反。

积极态度（共 3 个题目）

68. 双语教学在中国很有必要。

71. 双语教学现在应该加以鼓励和推广。

74. 双语教学是很有意义的。

中立态度（共 3 个题目）

59. 双语教学在中国实行也可以，不实行也没有什么大碍。（—）

62. 双语教学对我来说可有可无。（—）

65. 双语教学对我来说无所谓。（—）

消极态度（共 3 个题目）

78. 双语教学在中国没有必要。（—）

82. 双语教学费时费力，投入多产出少。（—）

86. 双语教学应该立刻停止。（—）

2. 人口学变量

共计 15 题，变量名称为 d1-d15。

1）我的性别是：

    （1）男　　　　　（2）女

2）我的年级是：

    （1）大一　　　　（2）大二　　　　（3）大三　　　　（4）大四及以上

3）我的专业是：

    （1）人文社会科学　　　　　　（2）理工自然科学

4）我的大学英语四级成绩是：

    （1）639 以上（含 639）　　（2）568—638　　　　（3）497—567

    （4）425—496　　　　　　　（5）424 以下（含 424）　（6）尚未参加

5）我的大学英语六级成绩是：

    （1）639 以上（含 639）　　（2）568—638　　　　（3）497—567

    （4）425—496　　　　　　　（5）424 以下（含 424）　（6）尚未参加

6）在双语课堂上，我的老师：

    （1）只用英语　　　　　　　　（2）只用汉语

    （3）用英语和汉语的比例差不多　（4）用英语比用汉语多

    （5）用汉语比用英语多　　　　（6）其他（请写明）＿＿＿＿＿＿＿＿

7）在双语课堂上，我回答问题时：

    （1）只用英语   （2）只用汉语

    （3）和老师提问时用的语言相同   （4）用英语比用汉语多

    （5）用汉语比用英语多   （6）其他（请写明）＿＿＿＿＿＿＿＿

8）双语课上使用的教材是：

    （1）英文原版的   （2）教师自编的英文讲义

    （3）正式出版的英汉双语教材   （4）以原版教材为主，以内容相似的汉语教材为辅

    （5）以原版教材为主，   （6）其他（请写明）＿＿＿＿＿＿＿＿   以其译本为辅

9）我的双语课程作业：

    （1）只能用英语做   （2）只能用汉语做

    （3）用英语和汉语都可以   （4）其他（请写明）＿＿＿＿＿＿＿＿

10）我的双语课程考试：

    （1）只能用英语作答   （2）只能用汉语作答

    （3）用英语和汉语都可以   （4）其他（请写明）＿＿＿＿＿＿＿＿

11）我的双语课老师是：

    （1）中国人   （2）外国人

12）我目前上的双语课：

    （1）是学校规定的   （2）是自愿选择的

    （3）其他（请写明）＿＿＿＿＿＿＿＿

13）到目前为止，我上过的双语课程一共有＿＿＿＿＿＿。

    （1）1门   （2）2门   （3）3门   （4）4门以上（含4门）

14）到目前为止，我在一个学期里同时上的双语课程最多有＿＿＿＿＿＿。

    （1）1门   （2）2门   （3）3门   （4）4门以上（含4门）

15）到目前为止，我所上过的双语课程没有通过考试的有＿＿＿＿＿＿。

    （1）1门   （2）2门   （3）3门   （4）4门以上（含4门）

    （5）无

附录 B   数据的初步整理

B1   新建数据文件

- 双击桌面上的 SPSS 软件图标，打开一个文件，点击窗口左下角的按钮切换到 Variable View；

- 在 Variable View 下需要特别注意以下几点：

  - Name：要以字母或汉字开头，不能使用阿拉伯数字开头，比如使用 d1、d2、q1、q2、性别、一、二、年龄等均可，但不能直接使用 1、2、3 之类的阿拉伯数字；

  - Type：常用 Numeric；

  - Label：要用明确的语言标明变量名称，比如：d1 表示"性别"，则把"性别"二字写在 Label 格中；

  - Values：为变量的各水平赋值（见图 B1），在 Value 后键入数字代号，在 Value Label 后键入文字，表示数字代号代表的意义，点击 Add 将其送入下方大框内，例如：1 = 男，2 = 女，设定完毕后点击 OK；

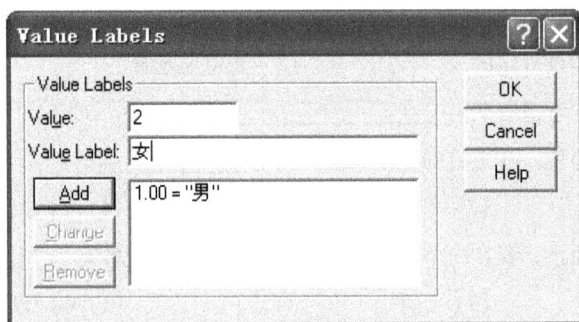

图 B1   变量赋值对话框

  - Measure：选择适当的变量类型（Nominal、Ordinal 或 Interval）；

- 点击窗口左下角的按钮切换到 Data View，录入数据；每个被试一行，每个变量一列。

B2 调整反向题目

- 反向题目是指在测量某个潜在变量的题目中，与该变量其他题目意义
  相反的陈述。比如，测量"专业兴趣动机"这个潜在变量有 5 个题目：
  - 1. 我现在所学的专业就是当年考大学时填报的志愿，而且越学越喜欢。
  - 2. 起初我很喜欢我的专业，可是现在越学越没有兴趣。（—）
  - 3. 我是没办法才学了这个专业的，而且越学越没兴趣。（—）
  - 4. 虽然现在所学的专业不是我最初想学的，可是越学越有兴趣。
  - 5. 如果让我再选择一次，我依然选择现在所学的专业。

  因为研究者使用李克特五点量表测量"专业兴趣动机"潜变量（1 表示
  非常不同意，5 表示非常同意），所以如果一个被试对 1、4、5 题的态
  度倾向于同意，那么他在第 2、3 题的态度应该倾向于不同意。这样，
  第 2、3 题（相对于第 1、4、5 题）就构成了反向题目。

- SPSS 操作步骤（使用数据文件"例 B.1.sav"）如下：
  - 选择下拉菜单 Transform > Recode > Into Same Variables ...（图 B2）；

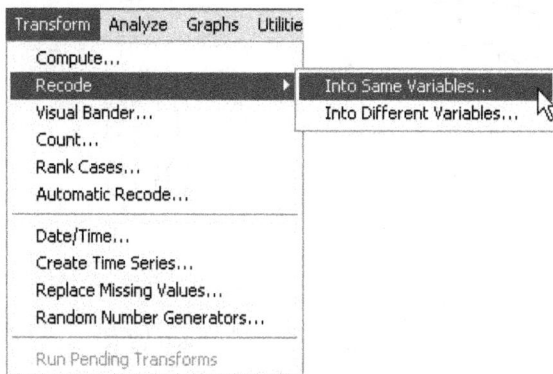

图 B2 调整反向题目菜单

- 将反向题目一次性从左侧调入右侧 Numeric Variables 中，再点击 Old
  and New Values ... 按钮，打开调整反向题目编码对话框（图 B3）；

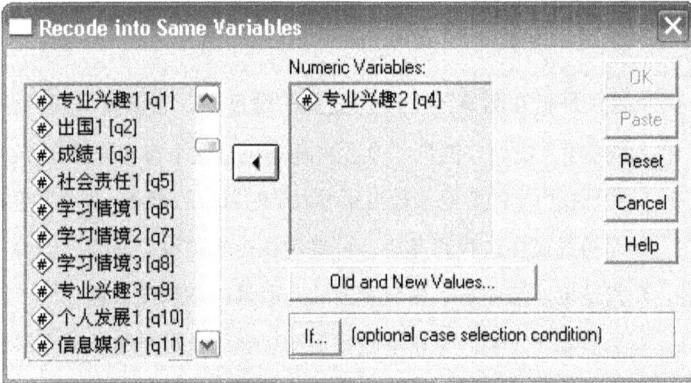

图 B3 调整反向题目对话框

- 在图 B4 左侧 Old Value 下的 Value 后写入原数字代号，如 1；在右侧 New Value 下的 Value 后写入新数字代号，如 "5"；再点击下方的 Add 按钮，将这个更改送入 Old → New 框中，其余操作以此类推；

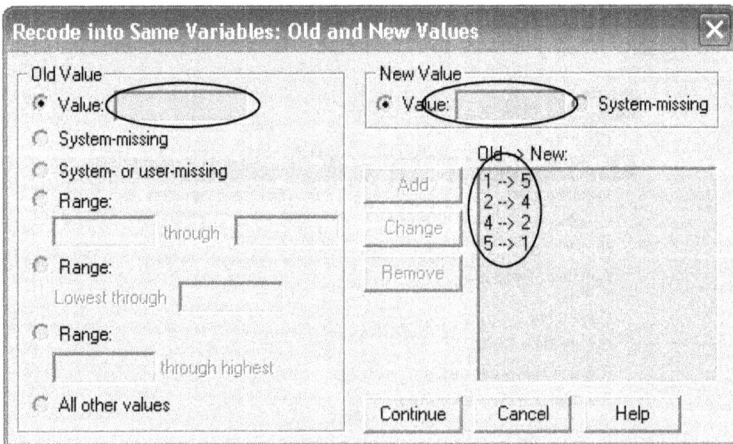

图 B4 调整反向题目编码对话框

- 点击 Continue 按钮返回，再点击图 B3 中的 OK。

B3 生成新变量

- 在实际研究中，往往需要将问卷中的某些题项（或题项内部的选项）进行处理，生成新的变量，作为自变量或者因变量。生成新变量有以下三种方式：
  - **计算型生成方式（求定距变量的算术平均数）；**
  - **合并型生成方式（将分类变量的现有水平合并）；**
  - **交叉型生成方式（求两个分类变量的交叉分组）。**
- 计算型生成方式举例（参见附录 A 高校双语教学态度影响因素调查问卷）：
  - "专业学习动机"潜变量由 3 个题目测得，现用这 3 个题目的平均数表示"专业学习动机"。
  - 变量类型：问卷中测量"专业学习动机"的 3 个题目（1、9、20）以李克特量表（Likert Scale）的形式测量，因此度量是定距数据（interval data）。需要用这些题项的算术平均数来表示"专业学习动机"这个潜在变量。
- 计算型生成方式 SPSS 操作（使用数据文件"例 B.2.sav"）：
  - 选择下拉菜单 Transform > Compute …（图 B5），打开计算型生成方式对话框（图 B6）；

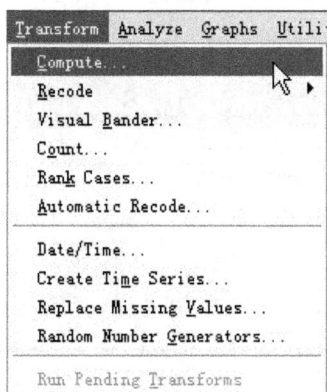

图 B5　计算型生成方式菜单

- 在图 B6 Target Variable 框中键入 mmo，并将 q1、q9 和 q20 从左侧移入 Numeric Expression 框中，写成下列形式：(q1 + q9 + q20) / 3（可以使用方框下的按钮完成上述操作）（图 B6）；

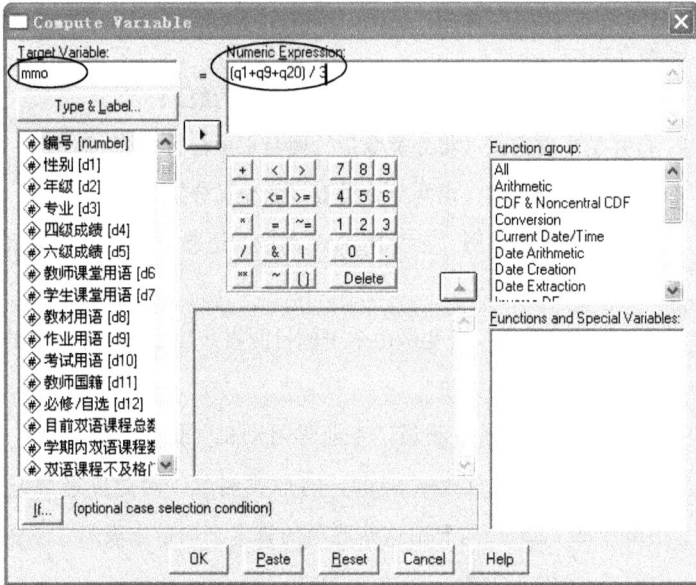

图 B6　计算型生成方式对话框

- 点击图 B6 中 Type & Label 按钮，打开计算型生成方式标签对话框（图 B7）并在 Label 后面键入"专业学习动机"（图 B7），点击Continue 返回；

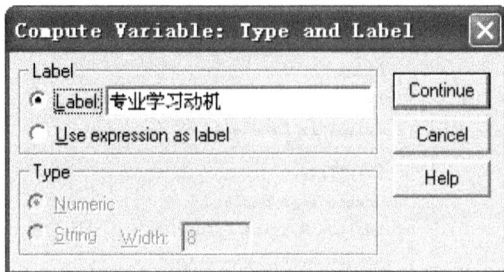

图 B7　计算型生成方式标签对话框

- 点击图 B6 中的 OK。

- 合并型生成方式举例(参见附录A高校双语教学态度影响因素调查问卷):
  - "四级成绩"变量在问卷中共有6个选项(见问卷),现需要将第1、2项合并为"优秀类",第3、4项合并为"中等类",第5项改为"不及格",第6项保持不变,然后生成新变量"四级成绩分组"。
  - 变量类型:"四级成绩"是定序变量,有6个水平,合并成由4个水平构成的新变量"四级成绩分组":1.优秀类;2.中等类;3.不及格;4.尚未参加。
- 合并型生成方式SPSS操作(使用数据文件"例B.2.sav"):
  - 点击下拉菜单Transform > Recode > Into Different Variables ... (图B8),打开合并型生成方式对话框(图B9);

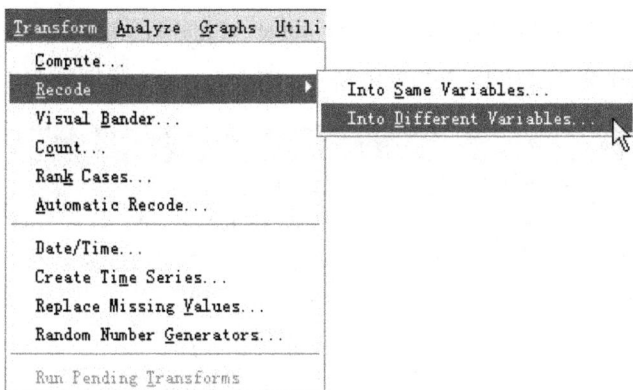

图B8 合并型生成方式菜单

- 将左侧的d4送入Input Variable → Output Variable框并在Output Variable下的Name后键入d4g,在Label后键入"四级成绩分组",再点击Change按钮(图B9);

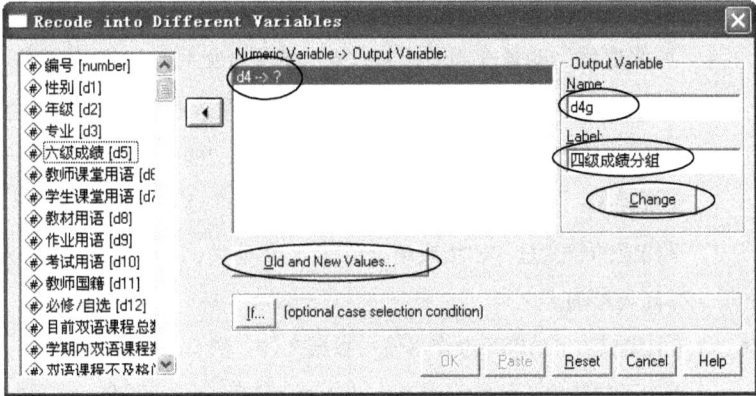

图 B9　合并型生成方式对话框

- 点击图 B9 中的 Old and New Values 按钮并将新旧值转换好（具体操作参考图 B4），如图 B10 所示，再点击 Continue 按钮返回；

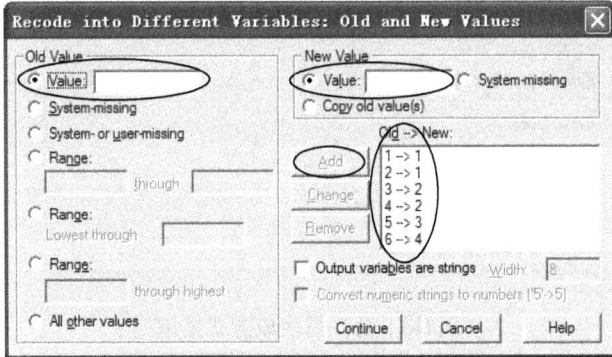

图 B10　合并型生成方式编码对话框

- 点击图 B9 中的 OK，新生成的变量会出现在 Variable View 视图下的最后一行；
- 在 Variable View 视图下给变量 d4g 的各水平命名（具体操作参考图 B1），如图 B11 所示。

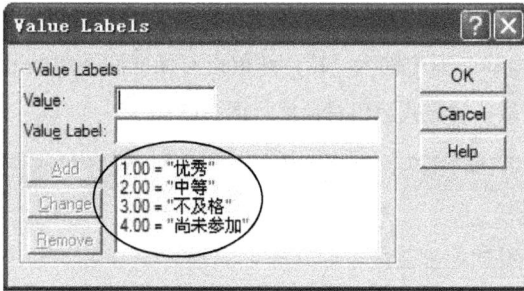

图 B11 合并型生成方式各水平重新赋值

- 交叉型生成方式举例（参见第七章例题）：

  - "教材"和"教学法"变量各有 2 个水平，现要生成"教材 + 教学法"分组变量。

  - 变量类型：原变量均为定类变量，各有 2 个水平，因此新生成的变量应该有 $2 \times 2 = 4$ 个水平，组合模式如下：

旧变量		新变量
教材	**教学法**	**教材 + 教学法**
地方编写 (1)	自学辅导 (1)	地方编写 + 自学辅导 (1)
地方编写 (1)	传统讲授 (2)	地方编写 + 传统讲授 (2)
全国统编 (2)	自学辅导 (1)	全国统编 + 自学辅导 (3)
全国统编 (2)	传统讲授 (2)	全国统编 + 传统讲授 (4)

- 交叉型生成方式 SPSS 操作（使用数据文件"例 7.1a.sav"）：

  - 点击下拉菜单 Transform > Compute ...（图 B12），打开交叉型生成方式对话框（图 B13）；

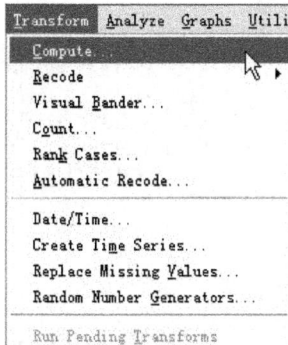

图 B12 交叉型生成方式菜单

- 在图 B13 的 Target Variable 下键入"交互小组"，在 Numeric Expression 框中键入"1"，并单击对话框左下角的 If … 按钮，打开交叉型生成方式编码对话框（图 B13）；

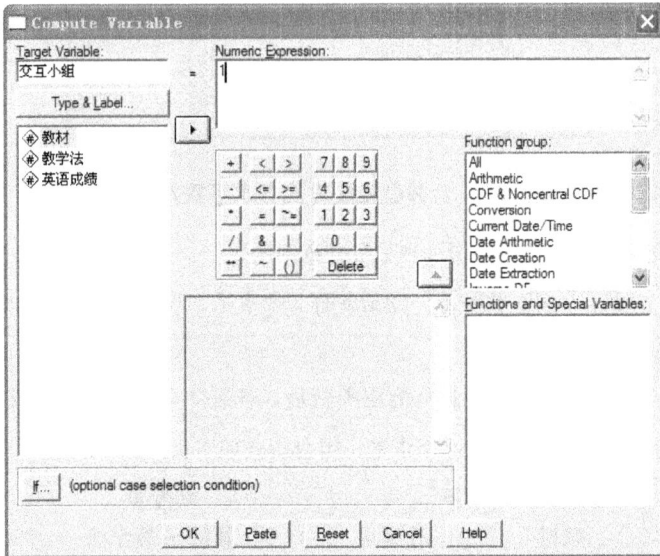

图 B13　交叉型生成方式对话框

- 选择 Include if case satisfies condition，并在其框中键入"教材 = 1 & 教学法 = 1"（图 B14），点击 Continue 按钮返回，点击图 B13 中的 OK；

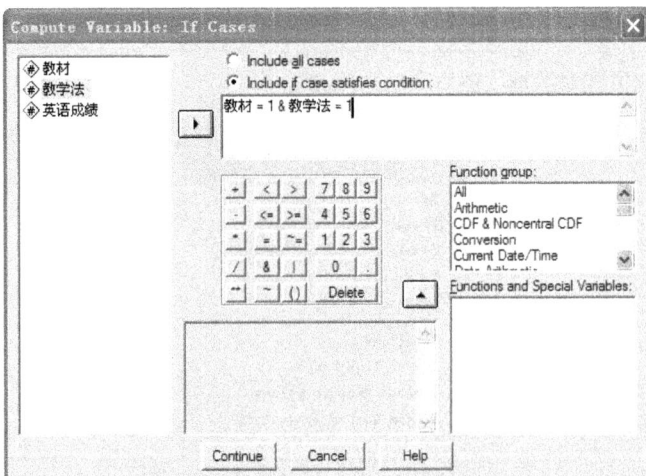

图 B14　交叉型生成方式编码对话框

- 重复上述操作（"交互小组"变量名不必反复填写），将 Numeric Expression 中的"1"改为"2"，单击对话框左下角的 If … 按钮；

- 选择 Include if case satisfies condition，并在其框中键入"教材 = 1 & 教学法 = 2"，点击 Continue 按钮返回，点击 OK；

- 再次重复上述步骤，直到将四个新的组合逐一定义完毕为止（即"教材 = 2 & 教学法 = 1"和"教材 = 2 & 教学法 = 2"）；

- 最后在 Variable View 视窗下，给新变量的各水平命名（具体操作参见图 B1），如图 B15 所示。

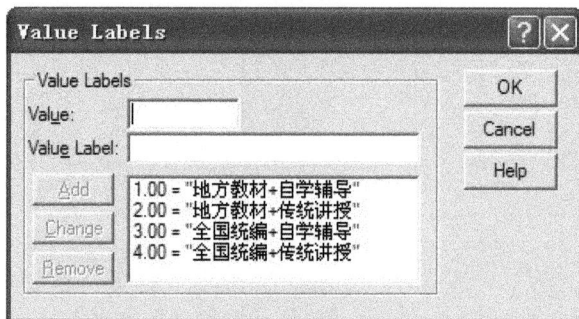

图 B15 交叉型生成方式各水平赋值

操作练习[1]

1. 调整反向题目（使用数据文件"例 B.1.sav"）

1）参考附录 A，将"学生英语技能"潜变量下的反向题目调整为正向题目。

2）参考附录 A，将"教师英语水平"潜变量下的反向题目调整为正向题目。

2. 生成新变量

1）计算"教师英语水平"潜变量的算术平均数。（使用数据文件"例 B.2.sav"）

2）计算"英语学习收获"潜变量的算术平均数。（使用数据文件"例 B.2.sav"）

---

1 由于本题为操作练习，且所有步骤均已列出，故文后不再给出参考答案。

3）计算"专业知识收获"潜变量的算术平均数。（使用数据文件"例 B.2.sav"）

4）"六级成绩"有 6 个水平，现要将第 1、2 个水平合并为"优秀"，第 3、4 个水平合并为"中等"，第 5 个水平改为"不及格"，第 6 个水平内容不变，生成新变量"六级成绩分组"。（使用数据文件"例 B.2.sav"）

5）"主题熟悉度"变量有 2 个水平，"生词密度"变量有 3 个水平，现要生成"主题熟悉度＋生词密度"分组变量。（使用数据文件"练 7.1a.sav"。）

附录 C   练习参考答案

第一章   统计基本概念

1. ADE	2. C	3. AC	4. ACE	5. BCE
6. BD	7. CD	8. ADE	9. ABC	10. C
11. ADE	12. BCDE	13. D	14. ABC	15. C

第二章   统计方法概述

表 C.1 统计方法选择步骤分析

题号	步骤一	步骤二	步骤三	步骤四
	找出所有变量	确定变量类型及其测度	思考问题本质	选择统计方法
1.	自变量：系别（国际金融系、国际法系）	定类变量（仅 1 个，2 个组间水平）（人数）	找差异	卡方检验
	因变量：成绩(优、良、中、差)	定序变量（仅 1 个，4 个水平）（人数）		
2.	自变量：教学法（新方法、老方法）	定类变量（仅 1 个，2 个组间水平）（人数）	找差异	独立样本 t 检验
	因变量：词汇测验成绩	定距变量（仅 1 个，百分制）（分数）		
3.	自变量：测量时间（学期初、学期末）	定类变量（仅 1 个，2 个组内水平）（人数）	找差异	配对样本 t 检验
	因变量：阅读成绩	定距变量（仅 1 个，百分制）（分数）		

（待续）

（续表）

题号	步骤一	步骤二	步骤三	步骤四
	找出所有变量	确定变量类型及其测度	思考问题本质	选择统计方法
4.	自变量：三次模拟考试的成绩	定距变量（共3个，均为百分制）（分数）	找关联	多元线性回归
	因变量：实际考试成绩	定距变量（仅1个，百分制）（分数）		
5.	自变量：父母职业（公务员、外企公司职员、教师）	定类变量（仅1个，3个组间水平）（人数）	找差异	单因素组间方差分析
	因变量：英语学习态度	定距变量（仅1个）（量表得分）		
6.	自变量：治疗方法（认知行为法、精神分析法）	定类变量（仅1个，2个组间水平）（人数）	找差异	独立样本 t 检验
	因变量：英语学习焦虑	定距变量（仅1个）（量表得分）		
7.	自变量：性格（内向型、外向型）	定类变量（仅1个，2个组间水平）（人数）	找差异	卡方检验
	因变量：学习方式（小组、自学）	定类变量（仅1个，2个组间水平）（人数）		
8.	变量1：社会支持状况	定距变量（仅1个，百分制）（分数）	找关联	皮尔逊 r 相关
	变量2：英语学习心理健康状况	定距变量（仅1个，百分制）（分数）		
9.	自变量：测量时间（大一、大二、大三）	定类变量（仅1个）（3个组内水平）（人数）	找差异	单因素组内方差分析
	因变量：英语语调测试成绩	定距变量（仅1个）（百分制）		

（待续）

（续表）

题号	步骤一	步骤二	步骤三	步骤四
	找出所有变量	确定变量类型及其测度	思考问题本质	选择统计方法
10.	自变量： 英语课外活动（读经典、看电影、读经典＋看电影、无活动）	定类变量（仅1个，4个组间水平）（人数）	找差异	单因素组间方差分析
	因变量： 英语语言能力测试成绩	定距变量（仅1个，百分制）（分数）		

第三章 独立样本 t 检验

1) 本题的自变量和因变量分别是什么？各自是什么测度？

自变量为"考试环境"，是定类变量，有两个水平：（1）语言实验室和（2）普通教室。

因变量为"听力成绩"，是定距变量。

2) 本题的研究目的是寻找差异还是寻找关联？

目的是寻找差异。

3) 本题的零假设和研究假设分别是什么？

H_0：$\mu_{语言实验室} = \mu_{普通教室}$

H_1：$\mu_{语言实验室} \neq \mu_{普通教室}$

4) 本题的 SPSS 操作步骤是什么？

- 打开本书光盘中的"练3.1.sav"SPSS 数据文件；

- 点击菜单栏中的 Analyze > Compare Means > Independent-Samples T Test，打开独立样本 t 检验主对话框；

- 将"听力成绩"送入 Test Variable(s)，将"考试环境"送入 Grouping Variable；

- 点击主对话框中的 Define Groups ... 按钮，进入 Define Groups 对话框，将组编号"1"和"2"分别填入 Group 1 和 Group 2 中，再单击 Continue 按钮返回主对话框；

- 点击主对话框中的 OK 按钮。

5） 如何解读输出结果？

输出结果有两张表。表 C.2 是描述统计表，提供了各组人数、平均数和标准差。

表 C.2 独立样本 t 检验描述统计表

Group Statistics

	考试环境	N	Mean	Std. Deviation	Std. Error Mean
听力成绩	语言实验室	26	18.5385	5.03770	.98798
	普通教室	26	18.3462	4.93106	.96706

表 C.3 是推断统计表，提供了 t 检验结果：t 值、自由度、显著性和均值差。由于 F 检验结果不显著（$p = 0.811 > 0.05$），所以应该读取 Equal variances assumed 一行的 t 检验结果。

表 C.3 独立样本 t 检验推断统计表

Independent Samples Test

		Levene's Test for Equality of Variances		t-test for Equality of Means					95% Confidence Interval of the Difference	
		F	Sig.	t	df	Sig. (2-tailed)	Mean Difference	Std. Error Difference	Lower	Upper
听力成绩	Equal variances assumed	.058	.811	.139	50	.890	.19231	1.38250	-2.58452	2.96914
	Equal variances not assumed			.139	49.977	.890	.19231	1.38250	-2.58455	2.96917

6） 如何用汉语和英语按照 APA 格式在学术论文中进行汇报？

汉语示例

独立样本 t 检验结果显示，考试环境不同的学生听力成绩无显著差异（$t = 0.139$，$df = 50$，$p > 0.05$）：虽然考试环境不同的学生听力成绩有些差别（$MD = 0.19$），但未达到显著水平。也就是说，在两种不同环境下参加听力考试的学生成绩基本相同（表 C.4）。

表 C.4 不同考试环境下的英语听力成绩差异

	语言实验室 (*n* = 26)		普通教室 (*n* = 26)		*MD*	*t* (50)
	M	*SD*	*M*	*SD*		
英语听力成绩	18.54	5.04	18.35	4.93	0.19	0.139

*$p < 0.05$

英语示例

Table C.5 shows that the students taking exams in language labs were not significantly different from those in ordinary classrooms on their listening test scores ($t(50) = 0.139, p > 0.05$).

Table C.5 Comparison of Students' Listening Test Scores in Different Exam Environments

	Language Labs (*n* = 26)		Ordinary Classrooms (*n* = 26)		*MD*	*t* (50)
	M	*SD*	*M*	*SD*		
Listening Test Scores	18.54	5.04	18.35	4.93	0.19	0.139

*$p < 0.05$

第四章 配对样本 *t* 检验

1) 本题的自变量和因变量分别是什么？各自是什么测度？

自变量是"测量时间"，是定类变量，有两个水平：（1）入学初和（2）学期末。

因变量是"词汇成绩"，是定距变量。

2) 本题的研究目的是寻找差异还是寻找关联？

目的是寻找差异。

3) 本题的零假设和研究假设分别是什么？

H_0：$\mu_{\text{入学初}} = \mu_{\text{学期末}}$

H_1：$\mu_{\text{入学初}} \neq \mu_{\text{学期末}}$

4) 本题的 SPSS 操作步骤是什么?

- 打开本书光盘中的"练 4.1.sav"SPSS 数据文件;
- 点击菜单栏中的 Analyze > Compare Means > Paired-Samples T Test,打开配对样本 t 检验主对话框;
- 同时选中"入学初测试"和"学期末测试",并将其送入 Paired Variables 对话框;
- 点击 OK 按钮。

5) 如何解读输出结果?

配对样本 t 检验共输出三张表格。表 C. 6 是描述统计表,汇报了样本量、平均数和标准差。表 C. 7 是相关分析表,汇报了两个变量的 Pearson 相关系数。表 C. 8 是推断统计表,汇报了 t 值、自由度、显著性和均值差。

表 C. 6 配对样本 t 检验描述统计表

Paired Samples Statistics

		Mean	N	Std. Deviation	Std. Error Mean
Pair 1	入学初测试	7.47	105	2.481	.242
	学期末测试	7.98	105	1.623	.158

表 C. 7 配对样本 t 检验相关分析表

Paired Samples Correlations

		N	Correlation	Sig.
Pair 1	入学初测试 & 学期末测试	105	.673	.000

表 C.8 配对样本 t 检验推断统计表

Paired Samples Test

		Paired Differences							
					95% Confidence Interval of the Difference				
		Mean	Std. Deviation	Std. Error Mean	Lower	Upper	t	df	Sig. (2-tailed)
Pair 1	入学初测试 - 学期末测试	-.514	1.835	.179	-.869	-.159	-2.872	104	.005

6) 如何用汉语和英语按照 APA 格式在学术论文中进行汇报?

汉语示例

配对样本 t 检验结果显示，入学初和学期末学生词汇成绩有显著差异（t = -2.872，df = 104，$p < 0.05$）：入学初的词汇成绩显著低于学期末的成绩（MD = -0.51）（表 C.9）。

表 C.9 入学初和学期末学生词汇成绩差异（n = 105）

	入学初		学期末		MD	t (104)
	M	SD	M	SD		
词汇成绩	7.47	2.48	7.98	1.62	-0.51	-2.872*

*$p < 0.05$

英语示例

Table C.10 shows that students' vocabulary test scores at the beginning of the semester were significantly different from those at the end of the semester (t (104) = -2.872, $p < 0.05$). Inspections of the two group means indicate that the average score at the beginning of the semester (7.47) is significantly lower than that at the end of the semester (7.98). The mean difference is -0.51 point on a 10-point test.

Table C.10 Comparison of Students' Scores in Different Times (n = 105)

	Beginning of Semester		End of Semester		MD	t (104)
	M	SD	M	SD		
Vocabulary Test Scores	7.47	2.48	7.98	1.62	-0.51	-2.872*

*$p < 0.05$

第五章 单因素组间方差分析

1) 本题的自变量和因变量分别是什么？各自是什么测度？

自变量是"地域"，为定类数据，有四个水平：（1）欧洲；（2）南美；（3）北非和（4）远东。

因变量是"英语水平"，为定距数据。

2) 本题的研究目的是寻找差异还是寻找关联？

目的是寻找差异。

3) 本题的零假设和研究假设分别是什么？

H_0：$\mu_{欧洲} = \mu_{南美} = \mu_{北非} = \mu_{远东}$

H_1：至少有一个地区学生的英语水平显著不同于其他三个地区。

4) 本题的 SPSS 操作步骤是什么？

- 打开本书光盘中的"练 5.1.sav"SPSS 数据文件；
- 点击菜单栏中的 Analyze > Compare Means > One-Way ANOVA，打开 One-Way ANOVA 主对话框；
- 将"英语水平"送入 Dependent List，将"地域"送入 Factor；
- 点击主对话框中的 Post Hoc ... 按钮，进入 One-Way ANOVA: Post Hoc Multiple Comparisons 对话框，勾选 Tukey 和 Tamhane's T2，单击 Continue 按钮返回主对话框；
- 点击主对话框中的 Options ... 按钮，进入 One-Way ANOVA: Options 对话框，勾选 Descriptive 和 Homogeneity of variance test，单击 Continue 按钮返回主对话框；
- 点击主对话框中的 OK 按钮。

5) 如何解读输出结果？

单因素组间方差分析共输出五张表格。表 C.11 是描述统计表，汇报了各组变量的平均数、标准差和样本量。

表 C.11 单因素组间方差分析描述统计表

Descriptives

英语水平

	N	Mean	Std. Deviation	Std. Error	95% Confidence Interval for Mean		Minimum	Maximum
					Lower Bound	Upper Bound		
欧洲	10	25.0000	8.13770	2.57337	19.1786	30.8214	10.00	37.00
南美	10	21.9000	6.60724	2.08939	17.1735	26.6265	13.00	33.00
北非	10	22.9000	6.24411	1.97456	18.4332	27.3668	13.00	32.00
远东	10	21.3000	6.89686	2.18098	16.3663	26.2337	11.00	35.00
Total	40	22.7750	6.88174	1.08810	20.5741	24.9759	10.00	37.00

　　表 C. 12 是方差齐性检验表，汇报了齐性检验结果的显著性。由该表可知，方差齐性检验结果不显著（$p = 0.726 > 0.05$）。这表明，各组方差满足方差齐性假设，适合进行方差分析。并且，如果方差分析结果不显著的话（$p > 0.05$），应该读取 Post Hoc Tests 表中 Tukey HSD 部分的信息。

表 C. 12　单因素组间方差分析方差齐性检验表

Test of Homogeneity of Variances

英语水平

Levene Statistic	df1	df2	Sig.
.440	3	36	.726

　　表 C. 13 是方差分析推断统计表，汇报了方差分析的 F 值、自由度和显著性。由该表可知，各组平均数之差均没有达到显著水平（$F (3, 36) = 0.537$, $p > 0.05$）。方差分析到此结束，不需要再读取余下的两张表格。

表 C. 13　单因素组间方差分析推断统计表

ANOVA

英语水平

	Sum of Squares	df	Mean Square	F	Sig.
Between Groups	79.075	3	26.358	.537	.660
Within Groups	1767.900	36	49.108		
Total	1846.975	39			

6)　如何用汉语和英语按照 APA 格式在学术论文中进行汇报？

汉语示例

　　单因素组间方差分析结果显示，不同地区学生的英语水平无显著差异（$F (3, 36) = 0.537$, $p > 0.05$）（表 C. 14）。

表 C. 14　英语水平的地域差异

	欧洲 (n = 10)		南美 (n = 10)		北非 (n = 10)		远东 (n = 10)		F
	M	SD	M	SD	M	SD	M	SD	(3, 36)
英语水平	25.00	8.14	21.90	6.61	22.90	6.24	21.30	6.90	0.537

*$p < 0.05$

英语示例

Table C. 15 shows that English proficiency levels were not significantly varied among students from different regions of the world ($F (3, 36) = 0.537$, $p > 0.05$), i.e. there were no significant mean differences among the four groups of students.

Table C. 15 Comparison of English Proficiency Levels of Students from Different Regions

	Europe (n = 10)		S. America (n = 10)		N. Africa (n = 10)		Far East (n = 10)		F (3, 36)
	M	SD	M	SD	M	SD	M	SD	
English Proficiency Levels	25.00	8.14	21.90	6.61	22.90	6.24	21.30	6.90	0.537

* $p < 0.05$

第六章　单因素组内方差分析

1) 本题的自变量和因变量分别是什么？各自是什么测度？

自变量为"测量时间"，是定类数据，有六个水平：(1) 一年级；(2) 二年级；(3) 三年级；(4) 四年级；(5) 五年级和 (6) 六年级，均为组内变量；因变量为"测验分数"，是定距变量。

2) 本题的研究目的是寻找差异还是寻找关联？

研究目的是寻找各次测量的均值之间是否有显著差异。

3) 本题的零假设和研究假设分别是什么？

H_0：$\mu_{一年级} = \mu_{二年级} = \mu_{三年级} = \mu_{四年级} = \mu_{五年级} = \mu_{六年级}$

H_1：至少有一次语音测试得分显著不同于其他五次。

4) 本题的 SPSS 操作步骤是什么？

- 打开本书光盘中的"练 6.1.sav"SPSS 数据文件；
- 点击菜单栏中的 Analyze > General Linear Model > Repeated Measures ...，打开单因素组内方差分析变量分析水平限定对话框；
- 将 Within-Subject Factor Name 中的 factor 1 改为 time，这表示自变量是

测量时间；在 Number of Levels 后填入"6"，这表示自变量有六个水平；然后点击 Add 按钮，使框中出现 time（6），再点击下方的 Define 按钮进入主对话框；

- 同时选中左侧栏中的"一年级"至"六年级"，单击中间的向右箭头，将其送入右侧的 Within-Subjects Variables (time) 框中；
- 点击主对话框中的 Options ... 按钮，进入 Repeated Measures: Options 对话框，勾选 Descriptive Statistics，单击 Continue 按钮返回主对话框；
- 点击主对话框中的 Plots ... 按钮，进入 Repeated Measures: Plots 对话框，将 time 送入 Horizontal Axis 框中，点击 Add 按钮，使 Plots 框中出现 time，单击 Continue 按钮返回主对话框；
- 点击主对话框中的 Contrasts ... 按钮，进入 Repeated Measures: Contrasts 对话框，在 Contrast 后的下拉菜单中选择 Repeated 并单击 Change 按钮，使上方 Factors 框中出现 time (Repeated)，单击 Continue 按钮返回主对话框；
- 点击主对话框中的 OK 按钮。

5）如何解读输出结果？

按照上述操作步骤，SPSS 共输出七张表格和一张图。与研究直接相关且需要在论文中进行汇报的表格如下：

表 C.16 报告了六次测量的平均数、标准差和样本量。

表 C.16　单因素组内方差分析描述统计表

Descriptive Statistics

	Mean	Std. Deviation	N
一年级	53.2273	3.60795	22
二年级	73.2759	4.44726	22
三年级	74.9773	5.63889	22
四年级	87.3182	3.64674	22
五年级	89.9091	3.93288	22
六年级	92.2273	3.64080	22

表 C.17 汇报了数据球形检验结果。读表可知，数据满足球形假设（p

= 0.185 > 0.05），适合作单因素组内方差分析。读后续表格时，应该选取 Sphericity Assumed 栏里的相应数据。

表 C. 17 单因素组内方差分析球形检验表

Mauchly's Test of Sphericity

Measure: MEASURE 1

Within Subjects Effect	Mauchly's W	Approx. Chi-Square	df	Sig.	Epsilon		
					Greenhouse-Geisser	Huynh-Feldt	Lower-bound
time	.378	18.565	14	.185	.675	.820	.200

表 C. 18 汇报了单因素组内方差分析的检验结果。读表可知，F 检验结果显著（$F_{(5, 105)} = 264.745$，$p < 0.05$）。由于组内效应检验结果显著，需要进一步考察差异所在之处。

表 C. 18 单因素组内方差分析组内效应检验表

Tests of Within-Subjects Effects

Measure: MEASURE 1

Source		Type III Sum of Squares	df	Mean Square	F	Sig.
time	Sphericity Assumed	23645.082	5	4729.016	264.745	.000
	Greenhouse-Geisser	23645.082	3.375	7006.045	264.745	.000
	Huynh-Feldt	23645.082	4.099	5768.186	264.745	.000
	Lower-bound	23645.082	1.000	23645.082	264.745	.000
Error(time)	Sphericity Assumed	1875.565	105	17.863		
	Greenhouse-Geisser	1875.565	70.874	26.463		
	Huynh-Feldt	1875.565	86.084	21.788		
	Lower-bound	1875.565	21.000	89.313		

表 C. 19 显示，一年级和二年级（$F_{(1, 21)} = 255.050$，$p < 0.05$），三年级和四年级（$F_{(1, 21)} = 78.206$，$p < 0.05$），以及四年级和五年级（$F_{(1, 21)} = 4.562$，$p < 0.05$）的均值差达到显著水平。其余组之间的均值差未达到显著水平。结合图 C. 1 提供的信息，我们可以发现，总体说来，学生的语音成绩随着学习阶段的提高而提高。但提高最为显著的是二年级和四年级。二年级到三年级之间是一个过渡阶段，四年级之后趋于平稳。

表 C.19 单因素组内方差分析组内对比检验表

Tests of Within Subjects Contrasts

Measure: MEASURE 1

Source	time	Type III Sum of Squares	df	Mean Square	F	Sig.
time	Level 1 vs. Level 2	8842.852	1	8842.852	255.050	.000
	Level 2 vs. Level 3	63.682	1	63.682	.908	.352
	Level 3 vs. Level 4	3350.557	1	3350.557	78.206	.000
	Level 4 vs. Level 5	147.682	1	147.682	4.562	.045
	Level 5 vs. Level 6	118.227	1	118.227	3.106	.093
Error(time)	Level 1 vs. Level 2	728.093	21	34.671		
	Level 2 vs. Level 3	1473.373	21	70.161		
	Level 3 vs. Level 4	899.693	21	42.843		
	Level 4 vs. Level 5	679.818	21	32.372		
	Level 5 vs. Level 6	799.273	21	38.061		

Estimated Marginal Means of MEASURE_1

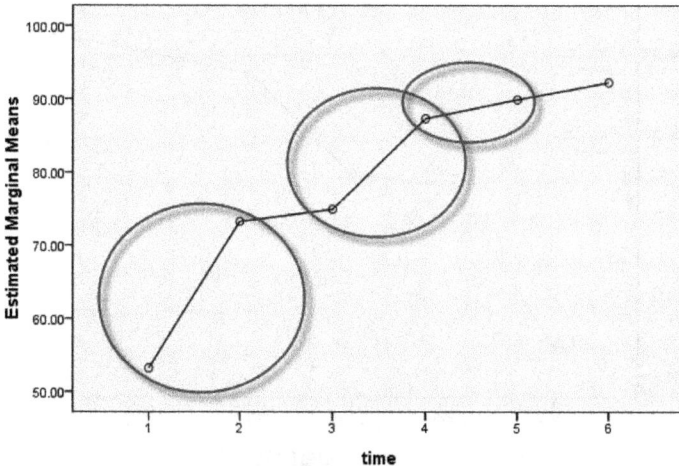

图 C.1 单因素组内方差分析均值比较图

6）如何用汉语和英语按照 APA 格式在学术论文中进行汇报？

汉语示例

单因素组内方差分析结果显示（表 C.20），教育程度对学生的边音发音有显著影响（$F(5, 105) = 264.745$，$p < 0.05$）。重复对比结果显示，一年级和二年

级（$MD = 20.05$），三年级和四年级（$MD = 12.34$），以及四年级和五年级（$MD = 2.59$）的均值差达到显著水平。其余组之间的均值差未达到显著水平。结合图 C.2 提供的信息，我们可以发现，二年级到三年级之间是一个过渡阶段，四年级之后趋于平稳；提高最为显著的是二年级和四年级。总体说来，学生边音发音的正确率随着教育程度的提高而提高。

表 C.20 边音发音正确率的时间差异（$n = 22$）

	一年级		二年级		三年级		四年级		五年级		六年级		F (5, 105)	Repeated Contrast
	M	SD	M	SD	M	SD	M	SD	M	SD	M	SD		
边音得分	53.23	3.61	73.28	4.45	74.98	5.64	87.32	3.65	89.91	3.93	92.23	3.64	264.745*	二年级＞一年级 四年级＞三年级 五年级＞四年级

$*p < 0.05$

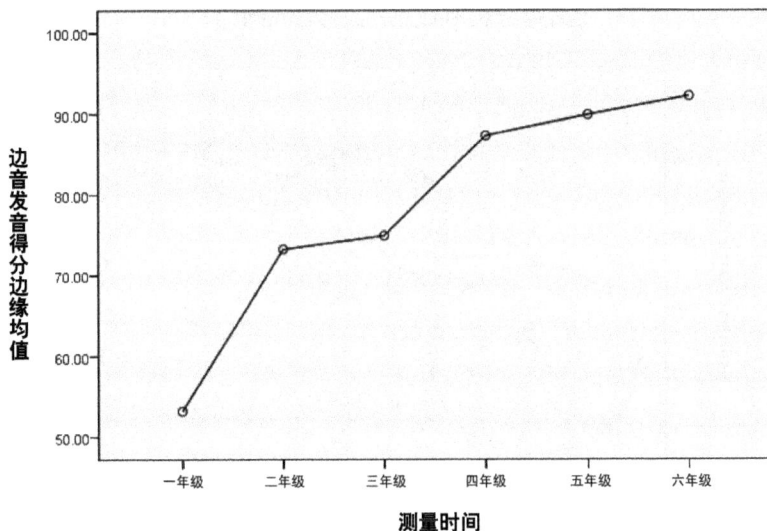

图 C.2 边音发音正确率的时间变化图

英语示例

The results of repeated measures ANOVA (Table C. 21 & Fig. C. 3) show that <u>the accuracy of students' lateral pronunciation</u> was significantly different <u>across the time occasions</u> (F (5, 105) = 264.745, $p < 0.05$). Repeated contrasts tests were conducted to assess <u>which of the time occasions</u> differed from one another.

The results indicated that <u>the lateral pronunciation mean difference scores</u> were significantly higher <u>in the following pairs: Grade 2 and Grade 1 (MD = 20.05), Grade 4 and Grade 3 (MD = 12.34), and Grade 5 and Grade 4 (MD = 2.59).</u> There was not a significant difference in <u>the other pairs. Generally speaking, the accuracy of lateral pronunciation scores increased with the advance of education degree.</u>

Table C. 21 Comparison of Lateral Pronunciation Scores through Time (n = 22)

	Grade 1		Grade 2		Grade 3		Grade 4		Grade 5		Grade 6		F (5, 105)	Repeated Contrast
	M	SD	M	SD	M	SD	M	SD	M	SD	M	SD		
Scores	53.23	3.61	73.28	4.45	74.98	5.64	87.32	3.65	89.91	3.93	92.23	3.64	264.75*	Grade 2 > Grade 1 Grade 4 > Grade 3 Grade 5 > Grade 4

*$p < 0.05$

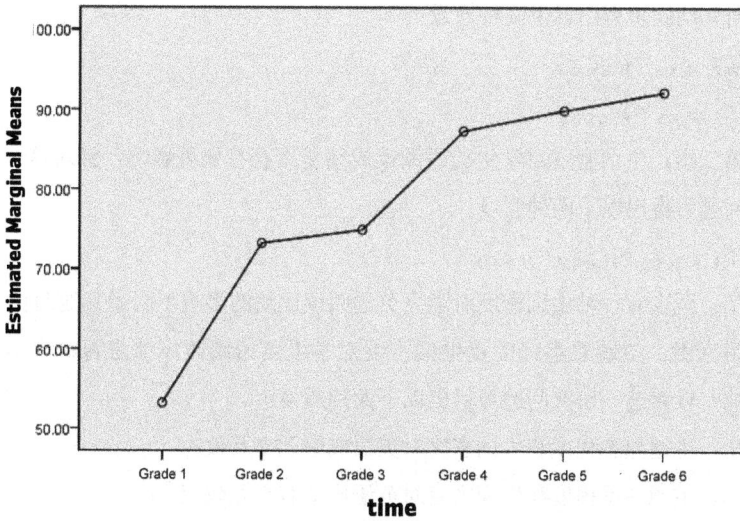

Fig. C. 3 Estimated Marginal Means of Lateral Pronunciation Scores through Time

第七章　双因素组间方差分析

1）本题的自变量和因变量分别是什么？各自是什么测度？

自变量 1 为主题熟悉程度，是定类变量，有两个水平：（1）熟悉；（2）不熟悉；自变量 2 为生词密度，是定类变量，有三个水平：（1）低密度；（2）中密度；（3）高密度。因变量是英语阅读成绩（分数），为定距变量。因此本题为 2×3 的双因素组间设计。

2）本题的研究目的是寻找差异还是寻找关联？

寻找差异。

3）本题的零假设和研究假设分别是什么？

本题有三组零假设和研究假设，分别源自三个不同的研究问题。

第一组：主题熟悉程度对学生英语阅读成绩是否存在显著影响？针对这一研究问题可得出以下两种假设：

H_0：$\mu_{熟悉} = \mu_{不熟悉}$

H_1：$\mu_{熟悉} \neq \mu_{不熟悉}$

第二组：生词密度对学生英语阅读成绩是否存在显著影响？针对这一研究问题可得出以下两种假设：

H_0：$\mu_{低密度} = \mu_{中密度} = \mu_{高密度}$

H_1：至少有一种生词密度对学生英语阅读成绩的影响不同于其他两种

第三组：主题熟悉程度及生词密度对学生英语阅读成绩是否存在显著影响？针对这一研究问题可得出以下两种假设：

H_0：主题熟悉程度和生词密度对英语成绩无交互效应

H_1：主题熟悉程度和生词密度对英语成绩有交互效应

4）本题的 SPSS 操作步骤是什么？

第一次操作步骤：

- 打开本书光盘中的 "练 7.1a.sav" SPSS 数据文件；
- 点击菜单栏中的 Analyze > General Linear Model > Univariate，打开主对话框；

- 将"阅读成绩"放入 Dependent Variable 框中；将"主题熟悉度"和"生词密度"放入 Fixed Factor(s) 框中；
- 点击主对话框中的 Plots ... 按钮，进入 Univariate: Profile Plots 对话框，将"主题熟悉度"放入 Horizontal Axis 框中，将"生词密度"放入 Separate Lines 框中，并点击下方的 Add 按钮，使 Plots 框中出现"主题熟悉度 * 生词密度"，单击 Continue 按钮返回主对话框；
- 点击主对话框中的 Options ... 按钮，进入 Univariate: Options 对话框，勾选 Descriptive Statistics 选项，单击 Continue 按钮返回主对话框；
- 点击主对话框中的 OK 按钮。

第二次操作步骤：
- 打开本书光盘中的"练 7.1b.sav"SPSS 数据文件；
- 点击菜单栏中的 Analyze > Compare Means > One-Way ANOVA，打开主对话框；
- 将"阅读成绩"送入 Dependent List，将"交互分组"送入 Factor；
- 点击主对话框中的 Post Hoc ... 按钮，进入 One-Way ANOVA: Post Hoc Multiple Comparisons 对话框，勾选 Tukey 和 Tamhane's T2，单击 Continue 按钮返回主对话框；
- 点击主对话框中的 Options ... 按钮，进入 One-Way ANOVA: Options 对话框，勾选 Descriptive Statistics 和 Homogeneity of variance test，单击 Continue 按钮返回主对话框；
- 点击主对话框中的 OK 按钮。

5）如何解读输出结果？

　　按照上述第一阶段操作步骤，双因素组间方差分析共输出四张图表。与论文汇报有关的表格如下。表 C.22 是描述统计表，汇报了六个相互独立的组的人数（N）、平均数（Mean）和标准差（Std. Deviation）。

表 C.22 双因素组间方差分析描述统计表

Descriptive Statistics

Dependent Variable: 阅读成绩

主题熟悉度	生词密度	Mean	Std. Deviation	N
不熟悉	低密度	4.7500	2.06155	4
	中密度	4.0000	1.63299	4
	高密度	4.0000	1.41421	4
	Total	4.2500	1.60255	12
熟悉	低密度	12.0000	.81650	4
	中密度	8.0000	.81650	4
	高密度	3.7500	.95743	4
	Total	7.9167	3.60450	12
Total	低密度	8.3750	4.13824	8
	中密度	6.0000	2.44949	8
	高密度	3.8750	1.12599	8
	Total	6.0833	3.30897	24

表 C.23 是方差分析检验表。该表汇报了重要的方差分析结果：F 值（F）、自由度（df）和显著性（Sig. (2-tailed)）。主题熟悉度和生词密度的交互作用检验结果显著（$F_{(2, 18)} = 15.201$，$p < 0.05$）。主题熟悉度（$F_{(1, 18)} = 43.343$，$p < 0.05$）和生词密度（$F_{(2, 18)} = 21.784$，$p < 0.05$）对因变量的主效应均显著。

表 C.23 双因素组间方差分析检验表

Tests of Between-Subjects Effects

Dependent Variable: 阅读成绩

Source	Type III Sum of Squares	df	Mean Square	F	Sig.
Corrected Model	218.333ᵃ	5	43.667	23.463	.000
Intercept	888.167	1	888.167	477.224	.000
主题熟悉度	80.667	1	80.667	43.343	.000
生词密度	81.083	2	40.542	21.784	.000
主题熟悉度 * 生词密度	56.583	2	28.292	15.201	.000
Error	33.500	18	1.861		
Total	1140.000	24			
Corrected Total	251.833	23			

a. R Squared=.867(Adjusted R Squared=.830)

图 C.4 是双因素交互作用图。该图的横坐标是主题熟悉度变量的两个水平

（熟悉和不熟悉），纵坐标是因变量的边缘平均数估计值，图内的三条线表示生词变量的三个水平（低密度、中密度和高密度）。由于三条线明显不平行，说明两个自变量对因变量有交互作用，表 C. 23 中的交互作用统计结果也证实了这一点。

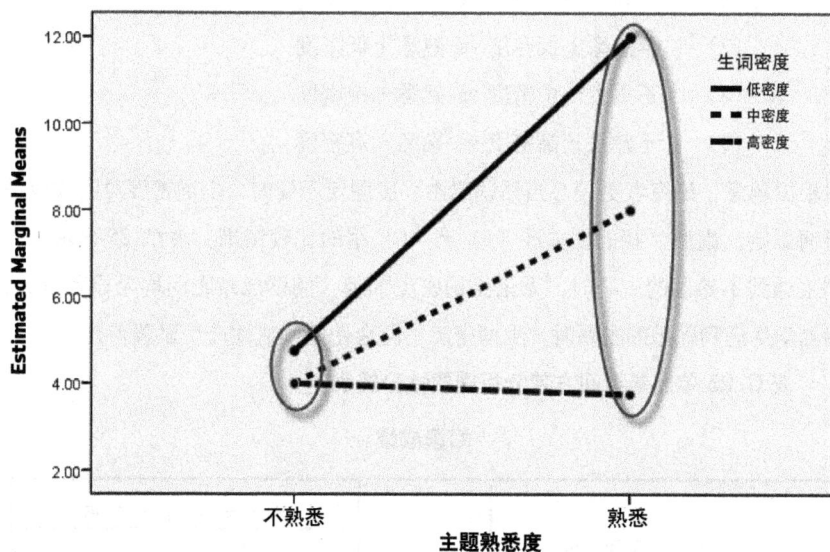

图 C. 4 双因素交互作用图

由于交互作用显著，需要进行简单效应分析。通过第二阶段操作步骤，得到五张表格。其中重要的表格如下：表 C. 24 显示方差齐性检验结果不显著（p = 0.697 > 0.05），即多组比较时应该读 Tukey HSD 部分的结果。

表 C. 24 单因素组间方差分析方差齐性检验表

Test of Homogeneity of Variances

阅读成绩

Levene Statistic	df1	df2	Sig.
.605	5	18	.697

表 C. 25 是方差分析同质性分组表。就本题而言，我们可以比较以下九组：

(1) 不熟悉 + 低密度 vs. 不熟悉 + 中密度

(2)　　不熟悉 + 低密度 vs. 不熟悉 + 高密度

(3)　　不熟悉 + 中密度 vs. 不熟悉 + 高密度

(4)　　熟悉 + 低密度 vs. 熟悉 + 中密度

(5)　　熟悉 + 低密度 vs. 熟悉 + 高密度

(6)　　熟悉 + 中密度 vs. 熟悉 + 高密度

(7)　　不熟悉 + 低密度 vs. 熟悉 + 低密度

(8)　　不熟悉 + 中密度 vs. 熟悉 + 中密度

(9)　　不熟悉 + 高密度 vs. 熟悉 + 高密度

但根据题意，研究者更关心当话题熟悉程度固定不变时，生词密度对阅读成绩有何影响。因此，我们更关注（1）至（6）组的比较结果。表 C.25 显示，当学生遇到不熟悉的主题时，无论生词密度如何，阅读成绩之间均无显著差异；但当学生遇到熟悉的主题时，生词密度不同会使阅读成绩产生显著差异。

表 C.25 单因素组间方差分析同质性分组表

阅读成绩

	交互分组	N	Subset for alpha=0.05		
			1	2	3
Tukey HSD[a]	熟悉高密度	4	3.7500		
	不熟悉中密度	4	4.0000		
	不熟悉高密度	4	4.0000		
	不熟悉低密度	4	4.7500		
	熟悉中密度	4		8.0000	
	熟悉低密度	4			12.0000
	Sig.		.899	1.000	1.000

Means for groups in homogeneous subsets are displayed.
a. Uses Harmonic Mean Sample Size = 4.000.

6）如何用汉语和英语按照 APA 格式在学术论文中进行汇报？

汉语示例

双因素组间方差分析结果显示，主题熟悉度和生词密度对学生英语阅读成绩的主效应显著（$F(1, 18) = 43.343$，$p < 0.05$；$F(2, 18) = 21.784$，$p < 0.05$）：总体看来，学生阅读主题熟悉的材料时成绩更高；在阅读生词密度较低的材料

时成绩更高（表 C.26）。此外，主题熟悉度和生词密度对学生英语阅读成绩的交互作用显著（$F(2, 18) = 15.201$，$p < 0.05$）。简单效应检验结果显示（图 C.5），当生词密度较低时，学生阅读主题熟悉的材料时成绩显著高于阅读主题不熟悉的材料（$MD = 7.25$，$p < 0.05$）；当生词密度中等时，学生阅读主题熟悉的材料时成绩显著高于阅读主题不熟悉的材料（$MD = 4.00$，$p < 0.05$）；当生词密度较高时，学生阅读主题熟悉和主题不熟悉的材料所得成绩无显著差异（$MD = 0.25$，$p > 0.05$）。总体看来，学生阅读主题熟悉且生词密度较低的材料时所得分数显著高于其他各组。

表 C.26 英语阅读成绩描述统计表

	主题熟悉						主题不熟悉					
	低密度 ($n = 4$)		中密度 ($n = 4$)		高密度 ($n = 4$)		低密度 ($n = 4$)		中密度 ($n = 4$)		高密度 ($n = 4$)	
	M	SD	M	SD	M	SD	M	SD	M	SD	M	SD
阅读成绩	12.00	0.82	8.00	0.82	3.75	0.96	4.75	2.06	4.00	1.63	4.00	1.41

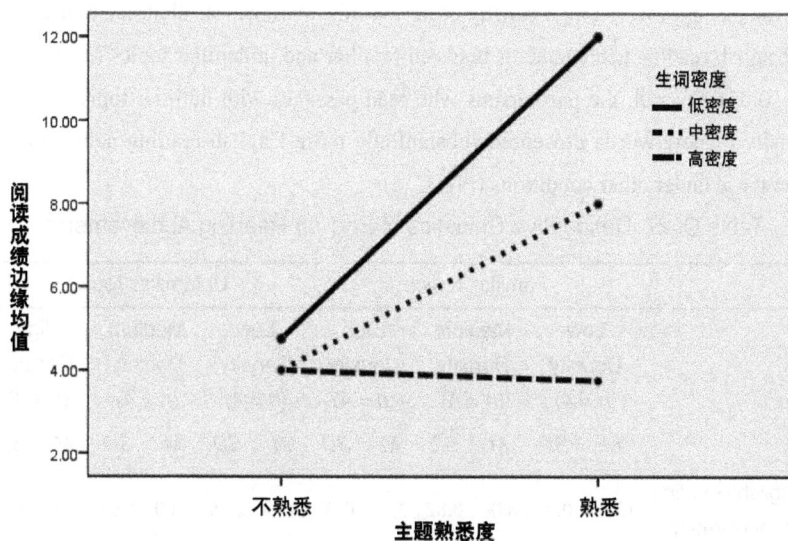

图 C.5 主题熟悉度和生词密度对英语阅读成绩的交互作用

英语示例

A 2×3 between-subjects ANOVA was conducted with *English reading achievements* as the dependent variable and *topics* (familiar/unfamiliar) and *new words density* (low/medium/high) as the independent variables (Table C. 27). The results indicated that there was a significant main effect for *topics* (F (1, 18) = 43.343, $p < 0.05$), with those reading familiar topics presenting significantly more English reading achievements than that of those reading unfamiliar topics. There was also a significant main effect for new words density (F (2, 18) = 21.784, $p < 0.05$), with those reading passages of low density of new words presenting significantly more English reading achievements than that of those reading passages of medium or high density of new words. There was also a significant topics and new words density interaction (F (2, 18) = 15.201, $p < 0.05$). For the passages with low density of new words, there was significant difference in English reading achievements between familiar and unfamiliar topics ($MD = 7.25$, $p < 0.05$), and for the passages with medium density of news words, there was also significant difference in English reading achievements between familiar and unfamiliar topics ($MD = 4$, $p < 0.05$). But for the passages with a high density of new words, there was no significant difference in English reading achievements between familiar and unfamiliar topics ($MD = 0.25$, $p > 0.05$). Overall, the participants who read passages with familiar topics and low density of new words presented substantially more English reading achievements than those under other conditions (Fig. C. 6).

Table C. 27 Descriptive Statistics of English Reading Achievements

	Familiar Topics					Unfamiliar Topics					
	Low Density ($n = 4$)		Medium Density ($n = 4$)		High Density ($n = 4$)		Low Density ($n = 4$)		Medium Density ($n = 4$)		High Density ($n = 4$)
	M	SD	M	SD	M	SD	M	SD	M	SD	M	SD
English Reading Achievements	12.00	0.82	8.00	0.82	3.75	0.96	4.75	2.06	4.00	1.63	4.00	1.41

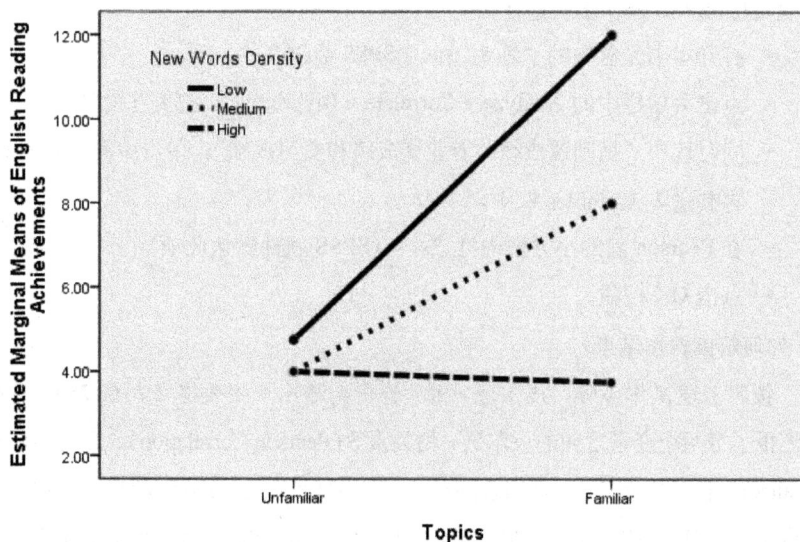

Fig. C. 6 Interaction of Topics and New Words Density on English Reading Achievements

第八章 相关分析

练习 1

1) 本题的变量有哪些？各是什么测度？

   本题的变量有三个：基础课成绩、专业课成绩和实习成绩。由于三项成绩皆为百分制，所以均为定距变量。

2) 本题的研究目的是寻找差异还是寻找关联？

   寻找关联。

3) 本题的零假设和研究假设分别是什么？

   H_0：$\rho = 0$

   H_1：$\rho \neq 0$

4）本题的 SPSS 操作步骤是什么？

- 打开本书光盘中的"练 8.1.sav"SPSS 数据文件；
- 点击菜单栏中的 Analyze > Correlate > Bivariate ...，打开主对话框；
- 同时选中"基础课成绩、专业课成绩和实习成绩"，单击中间向右箭头，将其送入 Variables 框中；
- 在 Pearson 前的小方框内打"√"（SPSS 软件默认此项）；
- 点击 OK 按钮。

5）如何解读输出结果？

按照上述操作步骤，皮尔逊 r 相关分析会输出一张表格（表 C. 28）。这张表汇报了每两个变量之间的皮尔逊 r 相关系数（Pearson Correlation）、显著性（Sig. (2-tailed)）和样本量（N）。读该表的左下部分可知"基础课成绩"和"专业课成绩"的皮尔逊 r 相关系数（$r = 0.861$，$p < 0.05$），"基础课成绩"和"实习成绩"的皮尔逊 r 相关系数（$r = -0.075$，$p > 0.05$）以及"专业课成绩"和"实习成绩"的皮尔逊 r 相关系数（$r = -0.036$，$p > 0.05$）。这些系数表明，基础课和专业课具有显著的高度正相关关系；但两门课和实习成绩之间无显著相关关系。

表 C. 28 皮尔逊 r 相关分析表

Correlations

		基础课成绩	专业课成绩	实习成绩
基础课成绩	Pearson Correlation	1	.861**	-.075
	Sig. (2-tailed)		.000	.659
	N	37	37	37
专业课成绩	Pearson Correlation	.861**	1	-.036
	Sig. (2-tailed)	.000		.831
	N	37	37	37
实习成绩	Pearson Correlation	-.075	-.036	1
	Sig. (2-tailed)	.659	.831	
	N	37	37	37

**. Correlation is significant at the 0.01 level (2-tailed).

6）如何用汉语和英语按照 APA 格式在学术论文中进行汇报？

汉语示例

皮尔逊 r 相关分析结果显示，基础课和专业课之间存在显著的高度正相关关系（$r_{\text{基础课-专业课}} = 0.861$，$p < 0.05$），但两门课程和实习成绩之间无显著相关关系（$r_{\text{基础课-实习}} = -0.075$，$p > 0.05$；$r_{\text{专业课-实习}} = -0.036$，$p > 0.05$）。

英语示例

There is a significant high positive relationship of achievements between elementary courses and advanced courses (r elementary-advanced $= 0.861$, $p < 0.05$), but there are no significant correlations either between elementary courses and apprenticeship scores or between advanced courses and apprenticeship scores (r elementary-apprenticeship $= -0.075$, $p > 0.05$; r advanced-apprenticeship $= -0.036$, $p > 0.05$).

练习 2

1）本题的变量有哪些？各是什么测度？

变量 1 为教师评定等级；变量 2 为学生评定等级。由于两个变量均为等级，故皆为定序变量。

2）本题的研究目的是寻找差异还是寻找关联？

寻找关联。

3）本题的零假设和研究假设分别是什么？

H_0：$\rho = 0$

H_1：$\rho \neq 0$

4）本题的 SPSS 操作步骤是什么？

- 打开本书光盘中的"练 8.2.sav" SPSS 数据文件；
- 点击菜单栏中的 Analyze > Correlate > Bivariate ...，打开主对话框；
- 同时选中"教师评定平均等级"和"学生评定平均等级"，将其送入 Variables 框内；
- 去除 Pearson 前小方框里的"√"，在 Kendall's Tau-b 前的小方框里打"√"；
- 点击 OK 按钮。

5）如何解读输出结果？

肯德尔 τ 相关分析只输出一张表格（表 C.29）。这张表的基本结构与表 C.28 相同，读表时只需沿着对角线选择右上或者左下的部分获取信息。从该表可以看出，教师评定平均等级与学生评定平均等级的相关系数为 $\tau = 0.841$，$p < 0.05$。这表明两个等级变量具有显著的高度正相关关系：教师评定等级高的话题学生对其评定等级也高。

表 C.29 肯德尔 τ 相关分析表

Correlations

			学生评定平均等级	教师评定平均等级
kendall's tau_b	学生评定平均等级	Correlation Coefficient	1.000	.841**
		Sig.(2-tailed)		.002
		N	10	10
	教师评定平均等级	Correlation Coefficient	.841**	1.000
		Sig.(2-tailed)	.002	
		N	10	10

**. Correlation is significant at the 0.01 level (2-tailed).

6）如何用汉语和英语按照 APA 格式在学术论文中进行汇报？

汉语示例

　　肯德尔 τ 相关分析结果显示，学生评定平均等级与教师评定平均等级之间存在显著的高度正相关关系（$\tau = 0.841$，$p < 0.05$）。

英语示例

　　There is a significant high positive relationship between students' ranking and teachers' ranking of interested topics ($\tau = 0.841$, $p < 0.05$).

练习 3

1）本题的变量有哪些？各是什么测度？

　　变量 1 是自评英语技能，由于使用了四个题目的平均分作为指标，故为定距变量。四个题项分别为变量 2—5，由于均使用了李克特量表，故为定序变量。

2）本题的研究目的是寻找差异还是寻找关联？

　　寻找关联。

3）本题的零假设和研究假设分别是什么？

　　H_0：$\rho = 0$

　　H_1：$\rho \neq 0$

4）本题的 SPSS 操作步骤是什么？

- 打开本书光盘中的"练 8.3.sav"SPSS 数据文件；

- 点击菜单栏中的 Analyze > Correlate > Bivariate ...，打开主对话框；
- 同时选中"自评英语技能1—4"和"自评英语技能平均分"，单击中间向右箭头，将其送入 Variables 框内；
- 去除 Pearson 前小方框里的"✓"，在 Spearman 前的小方框里打"✓"；
- 点击 OK 按钮。

5）如何解读输出结果？

斯皮尔曼 ρ 相关分析只输出一张表格（表 C. 30）。这张表的基本结构与表 C. 28 相同。从该表可以看出，用来测量"自评英语技能"维度的四个题目与该维度的平均分之间均存在显著的中高度正相关关系（$p < 0.05$），相关系数依次为 $\rho = 0.824$，$\rho = 0.797$，$\rho = 0.769$，$\rho = 0.578$。这个结果显示，四个题目与维度平均分的相关系数均达到了显著水平，且相关系数均为中高度正相关，说明这些题目的测量效果很好。

表 C. 30　斯皮尔曼 ρ 相关分析表

Correlations

			自评英语技能1	自评英语技能2	自评英语技能3	自评英语技能4	自评英语技能平均分
Spearman's rho	自评英语技能1	Correlation Coefficient	1.000	.583**	.558**	.301**	.824**
		Sig. (2-tailed)		.000	.000	.000	.000
		N	297	297	297	297	297
	自评英语技能2	Correlation Coefficient	.583**	1.000	.520**	.276**	.797**
		Sig. (2-tailed)	.000		.000	.000	.000
		N	297	297	297	297	297
	自评英语技能3	Correlation Coefficient	.558**	.520**	1.000	.246**	.769**
		Sig. (2-tailed)	.000	.000		.000	.000
		N	297	297	297	297	297
	自评英语技能4	Correlation Coefficient	.301**	.276**	.246**	1.000	.578**
		Sig. (2-tailed)	.000	.000	.000		.000
		N	297	297	297	297	297
	自评英语技能平均分	Correlation Coefficient	.824**	.797**	.769**	.578**	1.000
		Sig. (2-tailed)	.000	.000	.000	.000	
		N	297	297	297	297	297

**. Correlation is significant at the 0.01 level (2-tailed).

6）如何用汉语和英语按照 APA 格式在学术论文中进行汇报？

汉语示例

斯皮尔曼 ρ 相关分析结果显示，自评英语技能 1—4 题与维度平均分之间皆存在显著的中高度正相关关系（$p < 0.05$），相关系数依次为 $\rho = 0.824$，$\rho = 0.797$，$\rho = 0.769$，$\rho = 0.578$。

英语示例

There is a significant positive relationship between the four items and the mean of the category of self-reported English proficiency ($p < 0.05$), and the correlation coefficients are $\rho = 0.824$, $\rho = 0.797$, $\rho = 0.769$, $\rho = 0.578$ respectively.

第九章 多元回归分析

1）本题的自变量和因变量是什么？各是什么测度？

因变量是双语教学态度，是定距变量。自变量是教师英语水平、教师专业水平、双语课全英语教材、双语课教学模式，均为定距变量。

2）本题的研究目的是寻找差异还是寻找关联？

寻找关联。

3）本题的零假设和研究假设分别是什么？

H_{01}：$\beta_{教师英语水平} = 0$ H_{11}：$\beta_{教师英语水平} \neq 0$

H_{02}：$\beta_{教师专业水平} = 0$ H_{12}：$\beta_{教师专业水平} \neq 0$

H_{03}：$\beta_{双语课全英语教材} = 0$ H_{13}：$\beta_{双语课全英语教材} \neq 0$

H_{04}：$\beta_{双语课教学标准式} = 0$ H_{14}：$\beta_{双语课教学标准式} \neq 0$

H_{05}：$\beta_{双语课教学过渡式} = 0$ H_{15}：$\beta_{双语课教学过渡式} \neq 0$

H_{06}：$R^2 = 0$ H_{16}：$R^2 \neq 0$

4）本题的 SPSS 操作步骤是什么？

- 打开本书光盘中的"练 9.1.sav"SPSS 数据文件；
- 点击菜单栏中的 Analyze > Regression > Linear ...，打开主对话框；
- 将"双语教学态度"放入 Dependent 框中；

- 同时选中其他变量，单击中间向右箭头，将其送入Independent(s)框中；
- 点击主对话框中的 Statistics ... 按钮，进入 Linear Regression: Statistics 对话框，勾选 Descriptives 和 Collinearity diagnostics，单击 Continue 按钮返回主对话框；
- 点击主对话框中的 Plots ... 按钮，进入 Linear Regression: Plots 对话框，将左侧的 *ZPRED 放入右侧 X 框中，*ZRESID 放入右侧 Y 框中，并点击 Continue 按钮返回主对话框；
- 点击主对话框中的 OK 按钮。

5）如何解读输出结果？

按照上述操作步骤，多元线性回归分析会输出八张表和一张图。这里仅选择与结果汇报直接相关的图表进行讨论。

表 C. 31 和表 C. 32 汇报了多元回归分析中自变量和因变量的平均数、标准差以及两者之间的皮尔逊 r 相关分析结果。读表可知，五个自变量与因变量之间均存在显著的低度正相关。除"全英语教材"之外，各自变量之间均具有中度正相关。以上信息暗示此次多元线性回归的预测能力（百分比）可能不会很高。

表 C.31　多元线性回归描述统计表

Descriptive Statistics

	Mean	Std. Deviation	N
双语教学态度	3.5413	.72715	297
教师英语水平	3.5438	.64050	297
教师专业水平	3.7180	.73250	297
标准式教学模式	3.6128	.66448	297
过渡式教学模式	3.4388	.68452	297
全英语教材	2.5084	.76473	297

表 C.32 多元线性回归相关分析表

Correlations

		双语教学态度	教师英语水平	教师专业水平	标准式教学模式	过渡式教学模式	全英语教材
Pearson Correlation	双语教学态度	1.000	.242	.297	.238	.276	.167
	教师英语水平	.242	1.000	.655	.569	.377	.046
	教师专业水平	.297	.655	1.000	.582	.497	-.024
	标准式教学模式	.238	.569	.582	1.000	.518	-.004
	过渡式教学模式	.276	.377	.497	.518	1.000	-.036
	全英语教材	.167	.046	-.024	-.004	-.036	1.000
Sig.(1-tailed)	双语教学态度		.000	.000	.000	.000	.002
	教师英语水平	.000		.000	.000	.000	.216
	教师专业水平	.000	.000		.000	.000	.338
	标准式教学模式	.000	.000	.000		.000	.472
	过渡式教学模式	.000	.000	.000	.000		.268
	全英语教材	.002	.216	.338	.472	.268	
N	双语教学态度	297	297	297	297	297	297
	教师英语水平	297	297	297	297	297	297
	教师专业水平	297	297	297	297	297	297
	标准式教学模式	297	297	297	297	297	297
	过渡式教学模式	297	297	297	297	297	297
	全英语教材	297	297	297	297	297	297

表 C.33 汇报了多元线性回归自变量组合对因变量的解释比例。读表可知，复相关系数为 $R = 0.379$，$R^2 = 0.143$，调整 $R^2 = 0.129$。由此可知，五个自变量的组合能解释因变量 14.3% 的变异。这个比例不是很高。

表 C.33 多元线性回归模型汇总表

Model Summary

Model	R	R Square	Adjusted R Square	Std. Error of the Estimate
1	.379	.143	.129	.67877

表 C.34 是多元线性回归方差分析表。它汇报了对回归模型的检验结果。读表可知，$F(5, 291) = 9.740$，$p < 0.05$。这表示，由五个自变量组成的组合能够有效地预测因变量。

表 C.34 多元线性回归方差分析表

ANOVA

Model		Sum of Squares	df	Mean Square	F	Sig.
1	Regression	22.437	5	4.487	9.740	.000
	Residual	134.070	291	.461		
	Total	156.508	296			

表 C.35 是多元回归分析系数表。该表汇报了多元回归方程各预测项的标准化回归系数（Beta）、t 检验结果（t）、显著性（Sig.）以及共线性诊断结果（Tolerance 和 VIF）。读表可知，"教师专业水平"、"过渡式教学模式"和"全英语教材"三个变量的回归系数达到显著水平；"教师英语水平"和"标准式教学模式"两个变量的回归系数未达到显著水平。纵览 Tolerance 一栏，除"全英语教材"的值外，其余四项的容忍度均低于 0.871（1 − 0.129）。这说明其余四项的共线性更大，应该考虑将其中的一些项目剔除。

表 C.35 多元线性回归系数表

Coefficients

Model		Unstandardized Coefficients		Standardized Coefficients	t	Sig.	Collinearity Statistics	
		B	Std. Error	Beta			Tolerance	VIF
1	(Constant)	1.598	.294		5.444	.000		
	教师英语水平	.046	.086	.040	.531	.596	.514	1.944
	教师专业水平	.176	.078	.177	2.239	.026	.471	2.122
	标准式教学模式	.031	.081	.028	.379	.705	.539	1.854
	过渡式教学模式	.175	.070	.164	2.484	.014	.673	1.485
	全英语教材	.167	.052	.175	3.214	.001	.992	1.009

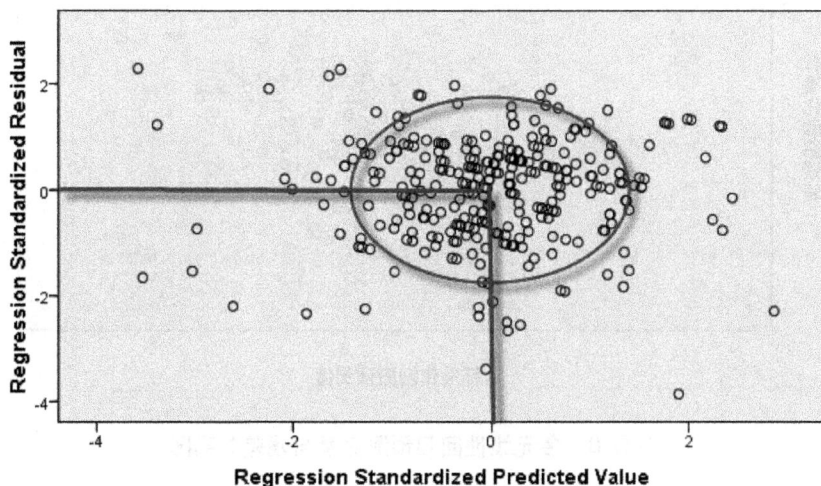

Dependent Variable: 双语教学态度

图 C.7 多元回归分析预测变量与残差关系图

6）如何用汉语和英语按照 APA 格式在学术论文中进行汇报？

汉语示例

本次多元线性回归分析满足误差呈正态分布以及误差和预测变量不相关的前提假定（图 C. 8）。预测变量与因变量显著相关（表 C. 36）。强制回归结果显示，"教师专业水平"、"过渡教学模式"和"全英双语教材"三个预测变量对因变量双语教学态度具有一定的预测作用（表 C. 37），R^2 为 0.143，即由"教师英语水平"、"教师专业水平"、"标准教学模式"、"过渡教学模式"和"全英双语教材"构成的组合能解释"双语教学态度"14.3% 的变异。表 C. 37显示，五个预测变量中，"教师专业水平"（Beta = 0.177）和"全英双语教材"（Beta = 0.175）的标准化回归系数分列第一和第二位。这说明教师专业知识水平高且使用全英文教材时，学生对双语教学态度更为积极。标准化回归方程为：双语教学态度 = 0.040 × 教师英语水平 + 0.177 × 教师专业水平 + 0.028 × 标准教学模式 + 0.164 × 过渡教学模式 + 0.175 × 全英双语教材。

因变量：双语教学态度

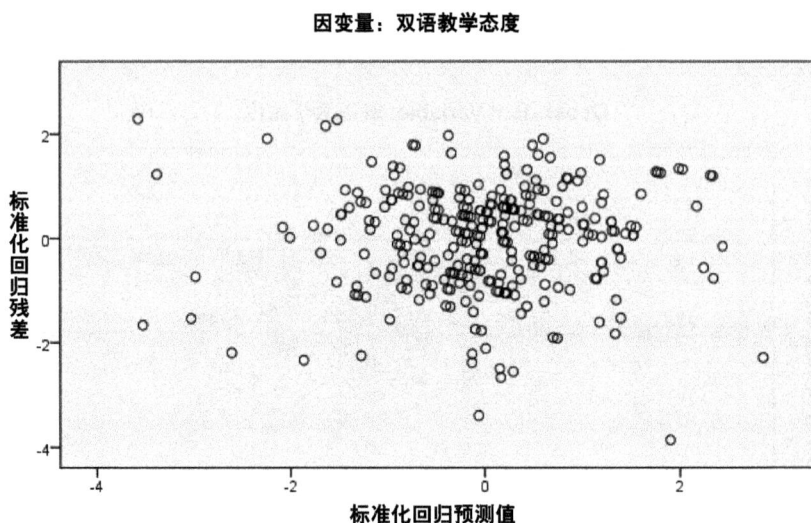

图 C.8　多元线性回归预测变量与残差关系图

表 C. 36 变量描述统计量及相关矩阵(*n* = 297)

变量		描述统计量		相关矩阵				
		M	*SD*	1	2	3	4	5
因变量	双语教学态度	3.54	0.73	0.242*	0.297*	0.238*	0.276*	0.167*
自变量	1 教师英语水平	3.54	0.64	—	0.6 55*	0.569*	0.377*	0.046
	2 教师专业水平	3.72	0.73		—	0.582*	0.497*	-0.024
	3 标准教学模式	3.61	0.66			—	0.518*	-0.004
	4 过渡教学模式	3.44	0.68				—	-0.036
	5 全英双语教材	2.51	0.76					—

*p < 0.05

表 C. 37 多元线性回归结果摘要表(*n* = 297)

变量		*R*	R^2	Adjusted R^2	*F* (5, 291)	Beta	*t* (291)	Tolerance	VIF
因变量	双语教学态度	0.379	0.143	0.129	9.740*				
自变量	教师英语水平					0.040	0.531	0.514	1.944
	教师专业水平					0.177	2.239*	0.417	2.122
	标准教学模式					0.028	0.379	0.539	1.854
	过渡教学模式					0.164	2.484*	0.673	1.485
	全英双语教材					0.175	3.214*	0.992	1.009

*p < 0.05

英语示例

Multiple linear regression was conducted to determine the best linear combination of teachers' English proficiency, their subject knowledge, standardized teaching mode, intermediate teaching mode, and textbooks in English for predicting students' attitudes towards bilingual instruction in China. Statistical assumptions, such as the normal distribution of residuals and the non-linear correlation between predicted variables and residuals were all met in the analysis (Figure C. 9). The means, standard deviations, and correlation coefficients could be found in Table C. 38. The regression method of "enter" showed that the combination of the five independent variables significantly predicted students' attitudes towards bilingual instruction, $F(5, 291) = 9.740$, $p < 0.05$, with three of them significantly contributing to the prediction ($p < 0.05$) (Table C. 39). The beta weights, presented in Table C. 39, suggested that teachers' subject knowledge and textbooks in English contribute most to predicting students' attitudes towards bilingual instruction. The R square value was 0.143, which indicated that 14.3% of the variance in students' attitudes towards bilingual instruction was explained by the model. The standardized regression formulation is students' attitudes towards bilingual instruction = 0.040 × teachers' English proficiency + 0.177 × teachers' subject knowledge + 0.028 × standardized teaching mode + 0.164 × intermediate teaching mode + 0.175 × textbooks in English.

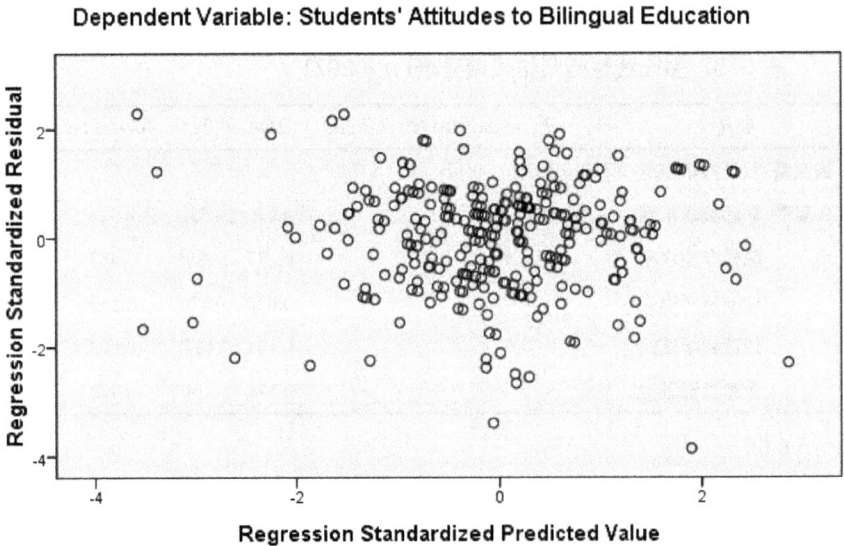

Fig. C. 9 Multiple Linear Regression: Standardized Predicted Value and Residual

Table C. 38 Descriptives and Correlation Coefficients of Variables ($n = 297$)

	Variables	Descriptives		Correlation Coefficients				
		M	SD	1	2	3	4	5
DV	Attitudes	3.54	0.73	0.242*	0.297*	0.238*	0.276*	0.167*
IV	1 teachers' English proficiency	3.54	0.64	—	0.655*	0.569*	0.377*	0.046
	2 teachers' subject knowledge	3.72	0.73		—	0.582*	0.497*	-0.024
	3 standardized teaching mode	3.61	0.66			—	0.518*	-0.004
	4 intermediate teaching mode	3.44	0.68				—	-0.036
	5 textbooks in English	2.51	0.76					—

*$p < 0.05$

Table C. 39 Multiple Linear Regression: Important Statistics ($n = 297$)

	Variables	R	R^2	Adjusted R^2	$F_{(5, 291)}$	Beta	$t(261)$	Tolerance	VIF
DV	Attitudes	0.379	0.143	0.129	9.740*				
IV	teachers' English prof.					0.040	0.531	0.514	1.944
	teachers' subject kno.					0.177	2.239*	0.417	2.122
	standard. teach. mode					0.028	0.379	0.539	1.854
	interm. teach. mode					0.164	2.484*	0.673	1.485
	textbooks in English					0.175	3.214*	0.992	1.009

*$p < 0.05$

7）比较本题结果和例 9.1 的结果，你有什么发现？能尝试解释其原因吗？

与例 9.1 的结果相比，本题统计结果的主要不同在于对因变量的解释比率明显降低（本题为 14.3%，而例 9.1 的解释比率为 54.7%）。这说明本题的预测变量尚不能全面地解释因变量。其主要原因可能为：（1）预测变量与因变量的相关系数普遍偏低；（2）预测变量之间的相关系数相比之下普遍偏高；（3）预测变量之间共线性过大。

第十章 卡方检验

练习 1

1）本题的变量是什么？各是什么测度？

变量 1 是教龄，变量 2 是教学法影响因素。两者均为定类变量，以人数为计数单位。

2）本题的研究目的是寻找差异还是寻找关联？

寻找关联。

3）本题的零假设和研究假设分别是什么？

H_0：教龄与教学法影响因素之间相互独立。

H_1：教龄与教学法影响因素之间相互关联。

4）本题的 SPSS 操作步骤是什么？

- 打开本书光盘中的"练 10.1.sav" SPSS 数据文件；
- 点击菜单栏中的 Data > Weight Cases ... > Weight Cases by Frequency Variable；"人数"；OK；
- Analyze > Descriptive Statistics > Crosstabs ...；
- 将"教龄"放入 Row(s) 框中，将"教学法影响因素"放入 Column(s) 框中；
- 点击主对话框中的 Statistics ... 按钮，进入 Crosstabs: Statistics 对话框，勾选左上方的 Chi-square，单击 Continue 按钮返回主对话框；
- 点击主对话框中的 Cells ... 按钮，进入 Crosstabs: Cell Display 对话框，勾选 Expected，再点击 Continue 按钮返回主对话框；
- 点击主对话框中的 OK 按钮。

5）如何解读输出结果？

按照上述操作步骤，卡方独立性检验会输出三张表。与论文结果汇报有关的表格如下：表 C. 40 汇报了"教龄"和"教学法影响因素"的交叉汇总情况。读该表可知，教龄在 5 年以上的教师认为语言/学习因素是影响教学法的主要因素，而教龄在 5 年以下的教师认为环境和学习者因素是影响教学法的主要因素。

表 C.40　卡方独立性检验变量列联表

教龄 * 教学法影响因素 Crosstabulation

| | | | 教学法影响因素 | | | |
			语言 / 学习因素	环境因素	学习者因素	Total
教龄	5 年以上	Count	126	35	19	180
		Expected Count	97.7	49.4	32.9	180.0
	1-5 年	Count	76	67	49	192
		Expected Count	104.3	52.6	35.1	192.0
Total		Count	202	102	68	372
		Expected Count	202.0	102.0	68.0	372.0

表 C.41 汇报了基于表 C.40 的数据得出的卡方检验结果。该表显示，$\chi^2 =$ 35.300，$df = 2$，$p < 0.05$，这说明表 C.40 中显示出来的两变量规律性的关联的确存在，我们有 95% 以上的把握拒绝零假设，接受研究假设。该表下方的注释显示，所有单元格的最小期待频数均大于 5，最小的期待频数为 32.90。这再次表明本次卡方独立性检验结果可靠。

表 C.41　卡方独立性检验表

Chi-Square Tests

	Value	df	Asymp. Sig. (2-sided)
Pearson Chi-Square	35.300[a]	2	.000
Likelihood Ratio	36.031	2	.000
Linear-by-Linear Association	32.014	1	.000
N of Valid Cases	372		

a. 0 cells (.0%) have expected count less than 5. The minimum expected count is 32.90.

6）如何用汉语和英语按照 APA 格式在学术论文中进行汇报？

汉语示例

卡方独立性检验结果显示，教龄和教学法影响因素之间存在显著关联（$\chi^2 = 35.300$，$df = 2$，$p < 0.05$）（表 C.42）。具体说来，教龄在 5 年以上的教师认为语言 / 学习因素是教学法的主要影响因素（126 人）；教龄在 5 年及以下的教师认为环境因素（67 人）和学习者因素（49 人）是教学法的主要影响因素。

表 C. 42 卡方独立性检验变量列联表 ($n = 372$)

教龄			教学法影响因素			行总计
			语言 / 学习因素	环境因素	学习者因素	
	5 年以上	观测个数	126	35	19	180
		期待个数	97.7	49.4	32.9	
	1—5 年	观测个数	76	67	49	192
		期待个数	104.3	52.6	35.1	
观测个数列总计			202	102	68	372

英语示例

According to the results of the chi-square test of independence, there is a significant relationship between teaching experience and teachers' attitudes towards major factors that influence language teaching ($\chi^2 = 35.300$, $df = 2$, $p < 0.05$) (Table C. 43). Given the choice of language learning factors, learning environment factors, or students' individual factors, 126 out of 180 teachers with a teaching experience over five years chose language learning factors as the major reasons for language teaching methodology. 67 out of 192 teachers with a teaching experience of five years or less than five years chose learning environment as the major factors. Another 49 out of 192 teachers with no more than five years' teaching experience chose students' individual factors as the major concern for teaching methodology.

Table C. 43 Crosstabulation of the Chi-Square Test of Independence ($n = 372$)

Teaching Experience			Major Concern of Teaching Methodology			Total
			Language	Environment	Individual	
	Over 5 years	Observed	126	35	19	180
		Expected	97.7	49.4	32.9	
	1—5 years	Observed	76	67	49	192
		Expected	104.3	52.6	35.1	
Total of the Observed			202	102	68	372

练习 2

1) 本题的变量是什么？是什么测度？

本题只有一个变量，即"对五种英语变体的喜好"，是定类变量，以人数为计数单位。

2) 本题的研究目的是寻找差异还是寻找关联？

寻找差异，本题主要想考察对五种英语变体喜好的人数分布状态与指定的 0.05：0.30：0.02：0.03：0.60 分布状态是否有差异。

3) 本题的零假设和研究假设分别是什么？

H_0：对五种英语变体喜好的分布与 0.05：0.30：0.02：0.03：0.60 比例分布之间无差异。

H_1：对五种英语变体喜好的分布与 0.05：0.30：0.02：0.03：0.60 比例分布之间有差异。

4) 本题的 SPSS 操作步骤是什么？

- 打开本书光盘中的"练 10.2.sav"SPSS 数据文件；
- 点击菜单栏中的 Data > Weight Cases ... > Weight Cases by Frequency Variable:"态度人数"；OK；
- Analyze > Nonparametric Tests > Chi-Square ...；
- 将"英语变体"放入 Test Variable List 框中，在 Expected Values 区域内选择 Values，并在其后面的方格内键入"0.05"，点击 Add 按钮，使该值进入下方方框中；同理再将"0.30"、"0.02"、"0.03"和"0.60"依次添加到下面的方框中去；
- 点击 OK 按钮。

5) 如何解读输出结果？

按照上述操作步骤，卡方拟合度检验会输出两张表。

表 C.44 是基本信息表。它给出了该变量所有水平下的观测个数（Observed N）、期待个数（Expected N）以及他们之间的差（Residual）。读表可知，期待个数一列中 24.1、144.3、9.6、14.4、以及 288.6 五个数字恰好与操作步骤 3 中键入的数字比例一致（0.05×481=24.1；0.30×481=144.3；0.02×481=9.6；0.03×481=14.4；0.60×481=288.6），与变体顺序也完全一致。

表 C. 44 卡方拟合度检验基本信息表

英语变体

	Observed N	Expected N	Residual
英国英语	126	24.1	102.0
美国英语	148	144.3	3.7
澳大利亚英语	89	9.6	79.4
加拿大英语	92	14.4	77.6
印度英语	26	288.6	-262.6
Total	481		

表 C. 45 汇报了基于表 C. 44 提供的数据计算得到的卡方拟合度检验结果。读表可知，$\chi^2 = 1743.207$, $df = 4$, $p < 0.05$。这个结果表明实际观测到的人数分布与指定分布之间存在显著差异。该表下方的注释显示，所有期待频数均大于 5，最小期待频数为 9.6。这一结果再次表明卡方检验结果可靠。

表 C. 45 卡方拟合度显著性检验表

Test Statistics

	英语变体
Chi-Square	1743.207[a]
df	4
Asymp. Sig.	.000

a. 0 cells (.0%) have expected frequencies less than 5. The minimum expected cell frequency is 9.6.

6）如何用汉语和英语按照 APA 格式在学术论文中进行汇报？

汉语示例

卡方拟合度检验结果显示，学生对英国英语、美国英语、澳大利亚英语、加拿大英语和印度英语的喜好人数与五种变体实际使用人数 0.05：0.30：0.02：0.03：0.60 的比例分布有显著差异（$\chi^2 = 1743.207$, $df = 4$, $p < 0.05$）（表 C. 46）。具体说来，学生对于英国英语、美国英语、澳大利亚英语和加拿大英语的喜好比例高于这四种变体实际使用人数的比例，对印度英语的喜爱比例低于该变体实际使用人数的比例。

表 C.46　卡方拟合度检验实际分布与指定分布表(*n* = 481)

		观测个数	期待个数	残差
	英国英语	126	24.1	102.0
	美国英语	148	144.3	3.7
英语变体	澳大利亚英语	89	9.6	79.4
	加拿大英语	92	14.4	77.9
	印度英语	26	288.6	-262.6

英语示例

According to the results of the chi-square goodness of fit test, there is a significant deviation between the distribution of students' preference to English varieties and that of 0.05 : 0.30 : 0.02 : 0.03 : 0.60 (χ^2 = 1743.207, df = 4, $p < 0.05$) (Table C. 47). Concretely speaking, the proportion of students' preference to British English, American English, Australian English and Canadian English is higher than that of the actual distribution of the four varieties' native speakers , while the proportion of students' preference to Indian English is lower than that of the actual distribution of the speakers of that variety.

Table C. 47　Distribution of the Chi-Square Goodness of Fit Test *(n* = 481)

		Observed N	Expected N	Residual
	British English	126	24.1	102.0
	American English	148	144.3	3.7
English Varieties	Australian English	89	9.6	79.4
	Canadian English	92	14.4	77.9
	Indian English	26	288.6	-262.6

附录 D 效应量计算方法

第一章 1.4 小节介绍了效应量的定义及其意义，这里介绍本书涉及到的各种统计检验的效应量计算方法及其强度衡量标准。效应量均有相应的计算公式，可以手工计算。对一些统计检验来说（如方差分析、相关分析、回归分析等），SPSS 软件能够直接提供计算结果；但多数情况下，效应量仍需要手工计算。效应量强度标准主要依据 Cohen (1988)[1] 一书中的相关规定。但需注意的是，这些标准并非硬性指标，它们只是参考值。研究者还需根据实际情况综合考虑效应量所提供的信息。

1. 独立样本 *t* 检验效应量计算方法

独立样本 *t* 检验的效应量计算公式为：

$$d = t\sqrt{\frac{N_1 + N_2}{N_1 N_2}} \qquad \text{（公式 1）}$$

其中 *t* 是 *t* 检验的统计量，N_1 和 N_2 分别是两个样本的样本容量。由表 3.2 可知，$N_1 = N_2 = 15$，由表 3.3 可知，$t = 3.514$。将以上数值带入公式 1 可得：

$$d = 3.514 \times \sqrt{\frac{15 + 15}{15 \times 15}} = 1.28$$

Cohen (1988) 认为，对于独立样本 *t* 检验而言，*d* 的估计值为 0.2、0.5 和 0.8 时[2]，分别表示效应量较小、中等和较大。根据这一标准，1.28 是一个非常大的效应量，结合例 3.1 的题意，可以得出以下结论：使用 A 系列教材的学生 TEM4 成绩高于使用 B 系列教材的学生，差值约为高分组（A 系列教材）标准差的 1.28 倍。

独立样本 *t* 检验的效应量需要手工计算，SPSS 软件不提供这个结果。

1　Cohen, J. (1988). *Statistical power analysis for the behavioural sciences* (2nd ed.). Hillsdale, NJ: Lawrence Erlbaum Associates.

2　*d* 族效应量取值均为绝对值，余同。

2. 配对样本 *t* 检验效应量计算方法

配对样本 *t* 检验的效应量计算公式为：

$$d = \frac{\text{Mean difference}}{\text{Std. Deviation of the Mean difference}} \qquad （公式 2）$$

其中 Mean difference 是指表 4.4 中的 Mean（-3.25），也就是配对样本的均值差；Std. Deviation of the Mean difference 是指表 4.4 中的 Std. Deviation（8.32），也就是配对样本均值差的标准差。将以上数值带入公式 2 可得：

$$d = \frac{-3.25}{8.32} = -0.39$$

Cohen（1988）认为，对配对样本 *t* 检验而言，*d* 的估计值为 0.2、0.5 和 0.8 时，分别表示效应量较小、中等和较大。根据这一标准，0.39 是一个较小的效应量，结合例 4.1 的题意，可以得出以下结论：本族语者教师对学生英语作文成绩评分显著低于中国教师的评分，但这个差异较小，仅为均值标准差的 0.39 倍。

配对样本 *t* 检验的效应量需要手工计算，SPSS 软件不提供这个结果。

3. 单因素组间方差分析效应量计算方法

单因素组间方差分析的效应量计算公式为：

$$\eta^2 = \frac{\text{Sum of Squares of "Between Groups"}}{\text{Sum of Squares of "Total"}} \qquad （公式 3）$$

其中 Sum of Squares of "Between Groups" 的意思是组间平方和，指表 5.4 中的 165.267，Sum of Squares of "Total" 的意思是总平方和，指表 5.4 中的 223.867；η^2 读做（eta-square）[1]，它是 *r* 族效应量的一种，在单因素组间方差分析中使用，表示效应量。将以上数值带入公式 3 可得：

$$\eta^2 = \frac{165.267}{223.867} = 0.74$$

1　η 是希腊字母表中的第七个字母，读做 *eta*，同 /'iːtə/ 发音。

Cohen（1988）认为，对单因素组间方差分析而言，η^2 的估计值为 0.01、0.06 和 0.14 时，分别表示效应量较小、中等和较大。根据这一标准，0.74 是一个较大的效应量。实际运用时，通常用百分比表示 η^2，即在本例中是 74%。结合例 5.1 的题意，可以得出以下结论：自变量词汇记忆策略能解释因变量词汇成绩 74% 的方差。

单因素组间方差分析的效应量需要手工计算，SPSS 软件中的 One-Way ANOVA 操作不提供这个结果[1]。

4. 单因素组内方差分析效应量计算方法

单因素组内方差分析的效应量计算公式为：

$$\text{偏 } \eta^2 = \frac{SS_{Effect}}{SS_{Effect} + SS_{Error}} \qquad （公式4）$$

其中 SS_{Effect} 表示 Type III Sum of Squares of Effect，即表 6.6 中的 87.360，它的意思是组内效应平方和；SS_{Error} 表示 Type III Sum of Squares of Error，即表 6.6 中的 146.640，它的意思是误差平方和。也就是说，公式 4 中的所有数值均取自 Tests of Within-Subjects Effects 这张表，即表 6.6。偏 η^2（partial eta-square）也是 r 族效应量的一种，在单因素组内方差分析中使用，表示效应量。将以上数值带入公式 4 可得：

$$\text{偏 } \eta^2 = \frac{87.360}{87.360 + 146.640} = 0.37$$

偏 η^2 的取值范围在 [0, 1] 之间，但 Cohen（1988）没有给出偏 η^2 的参考标准。不过可以肯定的是，偏 η^2 越接近 1，因变量方差被解释的比例也越大。实际运用中，通常用百分比表示偏 η^2，即在本例中是 37%。结合例 6.1 的题意，可以得出以下结论：自变量词汇培训策略能解释因变量自主学习能力 37% 的方差。

单因素组间方差分析的效应量可以手工计算，也可以通过打开 SPSS 软件中的 General Linear Model 模块 Repeated Measures 分析方法中的 Options 对话框，勾选 Estim ates of effect size 选项使输出结果中含有偏 η^2。

1　在 SPSS 软件中的 General Linear Model 模块，Univariate 分析方法的 Options 对话框里可以通过勾选 Estimates of effect size 获得偏 η^2，结果与本例相同。

5. 双因素组间方差分析效应量计算方法

双因素组间方差分析的效应量计算公式与单因素组内方差分析的效应量计算方法相同，均为：

$$\text{偏}\ \eta^2 = \frac{SS_{Effect}}{SS_{Effect} + SS_{Error}} \qquad （公式 5）$$

它与计算单因素组内方差分析效应量的第一点不同之处在于，公式 5 中的所有数值均取自 Tests of Between-Subjects Effects 这张表中，即表 7.4。第二点不同之处在于，公式 5 中的 SS_{Effect} 表示研究者感兴趣的那个变量的 Type III Sum of Squares of Effect。也就是说，如果研究者对"教材 * 教学法"的交互作用感兴趣，那么 $SS_{Effects}$ 的值就是表 7.4 中的 301.042；如果研究者对"教材"的主效应感兴趣，那么 $SS_{Effects}$ 就是表 7.4 中的 1276.042；如果研究者对"教学法"主效应感兴趣，那么 $SS_{Effects}$ 就是表 7.4 中的 551.042。一般说来，在双因素组间方差分析中，研究者对交互作用的效应量更为关注。在本例中，将"教材 * 教学法"的交互作用效应平方和以及误差效应平方和带入公式 5 可得：

$$\text{偏}\ \eta^2 = \frac{301.042}{301.042 + 619.833} = 0.33$$

偏 η^2 的取值范围在 [0, 1] 之间，但 Cohen（1988）没有给出偏 η^2 的参考标准。不过可以肯定的是，偏 η^2 越接近 1，因变量方差被解释的比例也越大。实际运用中，通常用百分比表示偏 η^2，即在本例中是 33%。结合例 7.1 的题意，可以得出以下结论：教材和教学法的交互作用能解释因变量英语成绩 33% 的方差。

双因素组间方差分析的效应量可以手工计算，也可以通过打开 SPSS 软件中的 General Linear Model 模块 Univariate 分析方法中的 Options 对话框，勾选 Estimates of effect size 选项使输出结果中含有偏 η^2。

6. 相关分析效应量计算方法

相关分析的效应量是 r 族效应量。与 d 族效应量不同，r 族效应量就是相关系数本身[1]。为避免重复，此处不再提供相关分析的效应量计算公式。

7. 多元线性回归分析效应量计算方法

多元回归分析中的效应量 R^2，也是 r 族效应量的一种。Cohen（1988）认为 R^2 值为 0.02、0.13 和 0.26 时，分别表示较小、中等和较大的效应量。以表 9.5 为例，其 R^2 值为 0.547，根据上述标准，这是一个较大的效应量。实际使用时，R^2 效应量也用百分比表示，即在本例中为 54.7%。结合例 9.1 的题意，五个自变量的组合能够解释因变量"双语教学态度"54.7% 的方差。

8. 卡方独立性检验效应量计算方法

卡方独立性检验效应量[2]计算公式为：

$$V = \sqrt{\frac{x^2}{N(k-1)}} \qquad \text{（公式 6）}$$

其中 χ^2 指的是表 10.4 中的 Pearson Chi-Square 对应的值 36.333；N 指的是表 10.4 中的 N of Valid Cases 对应的值 150；K 指的是类别最少的变量的水平数：本例有两个变量，每个变量均有 3 个水平，所以最少的变量水平数是 3。V（即 Cramer's V），是 r 族效应量的一种，在卡方独立性检验中使用，表示效应量。将以上数值带入公式 6 可得：

$$V = \sqrt{\frac{36.333}{150 \times (3-1)}} = 0.348$$

Cohen（1988）认为，对卡方独立性检验而言，V 的估计值为 0.1、0.3 和 0.5 时，分别表示效应量较小、中等和较大。根据这一标准，0.348 是一个中等效应量。结合例 10.1 的题意，可以得出以下结论：英语口语水平和演讲课选课决策之间有中度相关关系。

卡方独立性检验的效应量可以手工计算，也可以通过勾选 SPSS 软件

1　也有学者主张用相关系数的平方来表示相关的效应量。

2　卡方拟合性检验中只有一个变量，因此不涉及效应量问题。

Descriptive Statistics 模块 Crosstabs 分析方法中 Statistics 对话框里的 Phi & Cramer's V 选项，在输出结果中获得 V 的估计值。

参考文献

Brown, J. D. (1988). *Understanding research in second language learning*. Cambridge: CUP.

Butler, C. (1985). *Statistics in linguistics*. New York, NY: Basil Blackwell.

George, D., & Mallery, P. (2010). *SPSS for windows step by step: A simple study guide and reference* (10th ed.). Upper Saddle River, NJ: Prentice Hall.

Larson-Hall, J. (2010). *A guide to doing statistics in second language research using SPSS*. New York, NY: Routledge.

Leech, N. L., Barrett, K. C., & Morgan, G. A. (2005). *SPSS for intermediate statistics: Use and interpretation* (2nd ed.). Mahwah, NJ: Lawrence Erlbaum Associates.

McLaughlin, J. A. (2002). *Understanding statistics in the behavioural sciences: Step by step*. Singapore: Thomson Learning.

Morgan, G. A., Leech, N. L., Gloeckner, G. W., & Barrett, K. C. (2004). *SPSS for introductory statistics: Use and interpretation* (2nd ed.). Mahwah, NJ: Lawrence Erlbaum Associates.

Woods, A., Fletcher, P., & Hughes, A. (1986). *Statistics in language studies*. Cambridge: CUP.

Yockey, R. D. (2011). *SPSS demystified: A step-by-step guide to successful data analysis* (2nd ed.). Upper Saddle River, NJ: Prentice Hall.

崔洪弟, (2002),《教育与心理统计中 SPSS 的应用》。哈尔滨：黑龙江教育出版社。

范晓玲, (2005),《教育统计学与 SPSS》。长沙：湖南师范大学出版社。

韩宝成, (2000),《外语教学科研中的统计方法》。北京：外语教学与研究出版社。

李绍山, (2001),《语言研究中的统计学》。西安：西安交通大学出版社。

梁荣辉、章炼、封文波, (2005),《教育心理多元统计学与 SPSS 软件》。北京：北京理工大学出版社。

刘润清，(1999)，《外语教学中的科研方法》。北京：外语教学与研究出版社。

马广惠，(2003)，《外国语言学及应用语言学统计方法》。西安：西北农林科技大学出版社。

茆诗松等，(2003)，《统计手册》。北京：科学出版社。

秦晓晴，(2003)，《外语教学研究中的定量数据分析》。武汉：华中科技大学出版社。

舒华、张亚旭，(2008)，《心理学研究方法：实验设计和数据分析》。北京：人民教育出版社。

王孝玲，(2001)，《教育统计学》（修订二版）。上海：华东师范大学出版社。

文秋芳、俞洪亮、周维杰，(2004)，《应用语言学研究方法与论文写作》。北京：外语教学与研究出版社。

吴喜之，(2006)，《统计学：从数据到结论》（第二版）。北京：中国统计出版社。

杨端和，(2004)，《语言研究应用 SPSS 软件实例大全》。北京：中国社会科学出版社。

杨端和、李强，(1998)，《语言统计学》。昆明：云南大学出版社。

张厚粲、徐建平，(2003)，《现代心理与教育统计学》。北京：北京师范大学出版社。

张敏强，(2002)，《教育与心理统计学》。北京：人民教育出版社。

张文彤、董伟，(2004)，《SPSS 统计分析高级教程》。北京：高等教育出版社。

张文彤、闫洁，(2004)，《SPSS 统计分析基础教程》。北京：高等教育出版社。

邹申、方秀才、陈炜，(2012)，2011 年英语专业四、八级考试分析报告，《外语测试与教学》(2)：1-10。